KB155317

수업성숙도,
교사의
강점을 담다

수업성숙도, 교사의 강점을 담다

(교사를 위한 성찰협력수업과 수업코칭)

[행복한 교과서®] 시리즈 No.28

지은이 | 정민수
발행인 | 홍종남

2016년 11월 26일 1판 1쇄 인쇄
2016년 12월 2일 1판 1쇄 발행

이 책을 만든 사람들
책임 기획 | 홍종남
북 디자인 | 김효정
교정 교열 | 주경숙
출판 마케팅 | 김경아
삽화 | 신외솔

이 책을 함께 만든 사람들
종이 | 제이피씨 정동수
제작 및 인쇄 | 다오기획 김대식 · 정인균

펴낸곳 | 행복한미래
출판등록 | 2011년 4월 5일. 제 399-2011-000013호
주소 | 경기도 남양주시 도농로 34, 부영e그린타운 301동 301호(도농동)
전화 | 02-337-8958 팩스 | 031-556-8951
홈페이지 | www.bookeditor.co.kr
도서 문의(출판사 e-mail) | ahasaram@hanmail.net
내용 문의(지은이 e-mail) | esfms@naver.com
※ 이 책을 읽다가 궁금한 점이 있을 때는 지은이 e-mail을 이용해주세요.

ⓒ 정민수, 2016
ISBN 979-11-86463-20-8
〈행복한미래〉 도서 번호 051

수업 성숙도, 교사의 강점을 담다

정민수 지음

행복한미래

수업성숙도, 수업을 바라보는 창

"사람 살려, 살려주세요!"

어떤 사람이 물에 빠져 허우적거리고 있다. 온몸이 물속에 들어갔다 나왔다 하는 생명이 위태로운 순간이다. 그때 한 행인이 지나가다가 한마디 툭 던진다.

"그냥 일어서세요! 생각보다 안 깊어요."

아마 물에 빠진 사람이 그 행인처럼 물속 사정을 잘 아는 사람이라면 그렇게 허우적거리지는 않았을 것이다. 물의 깊이보다 키가 월등히 컸다면 상황은 또 달라졌을 것이고, 어쩌면 그 사람이 지금 발을 다쳤거나 발에 쥐가 나서 일어서지 못하는 상황일지도 모른다. 예상치 못한 저체온증으로 심장에 이상이 왔을 수도 있다. 분명한 것은 물에 빠진 사람은 지금 허우적대고 있는데, 이를 지켜보는 행인의 태도가 너무 대조적이라는 점이다.

안타깝지만 우리 선생님들이 직면하고 있는 교실상황이 이와 정말 비슷하다. 물에 빠진 사람과 행인의 입장이 다르듯 교실 안에서 학급을 이끌어야 하는 선생님과 교실 밖에서 그 모습을 바라보는 동료 선생님의 입장에 차이가 있다. 한 선생님이 교실이라는 작은 공간에 빠져 자신이 가진 능력을 온전히 실행하지 못하고 있다. 그 원인이야 선생님 본인이 가장 잘 알테지만, 때에 따라서는 선생님 본인조차 그 원인을 찾지 못해 힘들어할 수도 있다. 교실의 문제상황에 빠지면 문제의 깊이와 문제를 해결할 수 있는 내 능력의 높이를 스스로 파악하기 어려워 쉽게 빠져나올 수 없다.

물에 빠진 사람처럼 "살려주세요."라고 외칠 수 있다면 차라리 다행일 것이다. 그러면 지나가는 동료 선생님이 내가 미처 바라보지 못한 문제들을 찾아 알려줄 수도 있을 테니 말이다. 이럴 때 동료 교사의 충고와 조언을 받아들이고, 자신의 수업능력을 인지하여 교실에서 마음껏 실행할 수 있다면 얼마나 좋을까? 그러나 선생님 자신이 가진 강점을 살리지 못한 채 문제상황이라는 물속에 함께 빠져드는 경우를 자주 보곤 한다. 선생님 스스로 의욕을 상실하고 물 밖으로 나오려는 시도조차 못하는 지경에 이르기도 한다.

반면 선생님이 가진 능력에 비해 더 많은 것을 시도하려고 도전하는 경우도 있다. 교실의 문제상황에 적극적으로 대처하는 과정을 통해 스스로 성장해가며, 본인의 수업능력에 비해 더 많은 수업실행을 하고자 노력하는 선생님에게는 힘찬 박수를 보내고 싶다. 다만 능력에 비해 실행의 강도가 너무 심하게 벌어지면 수업 스트레스로 이어져 또 다른 문제상황에 직면할 수도 있다는 점을 기억해야 한다.

의미와 가치를 부여하는 지점

수업을 통해 동일한 교과내용을 교사마다 다르게 풀어가는 모습을 보곤 한다. 교사의 수업성격에 따라 의미와 가치를 부여하는 지점이 다르기 때문이다. 그 지점은 《성격의 재발견: 마이어스 브릭스 성격유형탐구》[★]에서 분류하는 4가지 기질에 맞춰 조금 더 깊이 성찰해볼 수 있다.

먼저 체험을 선호하면 수업을 구상할 때 탐험을 통한 활동성과 적극성을 드러낸다. 이런 탐험형 선생님은 교사로서의 열정이 넘쳐나기 때문에 수업을 통해서도 그 에너지가 고스란히 표출된다. 이에 비해 전통을 중시하면 수업을 관리하면서 원칙과 절차를 수립하고, 수업을 단계적으로 진행한다. 대체로 이런 관리형 선생님은 수업준비를 꼼꼼하게 잘하고, 수업계획을 치밀하게 세우는 편이다. 합리적인 걸 좋아하면 수업을 분석의 대상으로 삼아 그 속에 논리성과 예술성을 반영한다. 아이들의 지적 호기심을 자극하고 지적인 성장을 위해 자신의 고집을 내세우기도 한다. 마지막으로 관계에 집중하면 자아실현 욕구가 강해 자신이 믿고 있는 신념을 수업 시간에 적용하려고 한다. 이런 외교형 선생님은 민감한 감수성을 활용해 아이들과의 상호작용에 능숙하고, 의사소통을 통해 좋은 수업을 만들어가려는 경향을 보인다.

교사마다 수업성격이 다른 것처럼 교사가 가르쳐야 할 아이들의 학습성격도 제각각이라는 것을 기억해야 한다. 수업을 전개할 때 교사의 수업성격만을 내세우기보다 아이들의 학습성격을 관찰하고, 그에 맞는 지도가 이루어져야 한다. 농일한 교과내용을 가르치더라도 배우는 아이들이 어떤가에 따라 수업의 전개과정이 달라져야 하는 이유도 여기에 있다. 따라서 좋은 수업을 만들려면 교사의 수업성격과 아이들의 학습성격을 함께 성찰해야 한다. 교사와 학생이 서로의 강점을 살리고 약점을 보완해 나가려는 협력적인 자세를 보일 때, 보다 효과적인 수업을 전개할 수 있을 것이다.

교사에게도 수업성장이 필요하다

수업코칭을 통해 만난 선생님들은 수업에 자신감이 넘치는 능숙한 선생님부터 아이들을 어떻게 지도해야 할지 막막해하는 신규선생님까지 다양했다. 선생님들을 만나면서 수업경력과 상관없이 누구나 자신의 수업위치가 어느 정도인지를 궁금해한다는 사실을 알게 되었다. 선생님들은 수업공개를 준비하고 발표하면서 본인이 생각하는 좋은 수업의 방향이 올바른지, 우리 아이들을 어떻게 지도해야 바람직한지를 알고 싶어 했다. 필자는 이런 고민을 해결하기 위해 수업연구회 선생님들과 함께 수업을 성찰하고 협력하는 과정을 연구해왔다. 수업에 대한 성찰협력과정은 교사 스스로 자신의 수업을 되돌아보고, 동료 교사와의 협력을 통해 자신의 수업 강점을 강화하고 약점은 보완하는 활동으로 이루어진다. 또한 성찰협력과정은 자기 이해를 강화하고 자신에게 적합한 수업을 찾는 태도나 능력을 기르는 데 초점을 둔다. 이러한 성찰협력과정은 이미 ≪수업도시락, 성찰과 협력을 담다≫[**]에서 성찰협력형 수업연구방법을 통해 엠디헤일(MDHAIL)로 자세히 언급한 바 있다.

이제 수업에 대한 성찰협력과정을 간단하면서도 의미 있는 방법으로 접근해보고자 한다. 바로 수업자가 자신의 수업위치 및 수업상태를 쉽게 가늠할 수 있도록 수업성숙도를 그래프로 표현하는 방법이다. 사실 교육경력의 연한과 상관없이 교사 스스로 자신의 수업위치 및 수업상태를 특정 척도로 표출한다는 건 그리 쉬운 일이 아니다. 지금까지 필자는 수업성숙도의 주요 척도를 추출하기 위해 텍사스 주립대학교의 교육심리학과 교수인 게리 보리크가 쓴 ≪Effective Teaching Methods≫***에 주목하고 오랜 시간 연구해왔다. 특히 보리크가 제시한 효과적인 수업의 5가지 핵심행동은 수업성숙도의 주요 척도를 개발하는 데 큰 도움이 되었다. 그동안 수업코칭 및 수업연구회 활동을 통해 최종 확정한 수업성숙도의 주요 척도는 수업다양성, 수업명료성, 수업몰입성, 수업효과성, 수업성공률이다. 이런 주요 척도를 적용한 수업성숙도 핵심행동검사는 교사의 수업능력과 수업실행의 변인으로 구분되며, 각 변인들은 표준화점수로 도출되어 각각 그

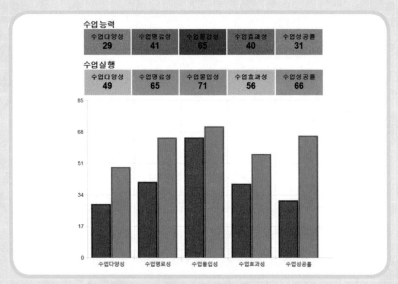

수업성숙도 검사결과샘플(출처: http://mdrang.net)

래프로 처리된다. 각 척도에 대한 설명은 2부에서 자세히 다룬다.

　수업성숙도 핵심행동검사가 놀라운 건 수업성공률을 제외한 4가지 척도를 통해 교사의 수업위치 및 수업상태는 물론 수업성격을 통한 교사의 강점을 확인할 수 있다는 점이다. 필자는 히포크라테스 이후 사람의 기질은 크게 4가지로 분류할 수 있으며, 주요 기질의 조합으로 16가지 성격유형을 파악할 수 있다는 점에 주목하였다. 이 책에서는 그런 수업성격 해석의 토대로 저명한 NERIS****의 16가지 성격유형을 참고하였고, 수업성격의 주요 용어는 그대로 사용했다. 예를 들어 수업성숙도의 수업다양성 척도는 NERIS 성격유형의 탐험가형과 가까우며, 특히 만능 재주꾼 기질과 대비하여 살펴보면 그 성향을 보다 쉽게 이해할 수 있다. 또한 수업명료성 척도는 관리자형을 읽으면 도움이 되며, 엄격한 관리자형 기질을 참고할수 있다. 수업몰입성 척도는 분석형과 잘 어울리며, 뜨거운 논쟁을 즐기는 변론가 기질의 이해에 도움이 된다. 마지막 수업효과성 척도는 외교형을 통해 보다 쉽게 이해할 수 있으며, 그중 선의의 옹호자 기질을 참고하면 좋다.

수업상처와 스트레스를 읽다

　수업성숙도를 통해 교사들의 수업능력과 수업실행 지수를 분석해보면 교실 안에서 힘들게 고군분투하는 우리 선생님들의 모습을 엿볼 수 있다. 수업상처가 깊어 속으로 울고 있는 선생님들을 만날 때면 내 가슴까지 아려온다. 이런 교사들의 수업상처와 스트레스를 해결하려면 교사들의 수업을 세밀히 관찰하고 교사와 학생, 학생과 학생, 교사와 학부모, 그리고 학생과 학부모 관계에 이르기까지 수업성숙도가 어떻게 나타나고 있는지 깊이 있는 수업대화가 이루어져야 한다. 이 책은 이런 수업상처와 스트레스를 안고 있는 선생님들의 이야기를 담고 있다. 아마도 선생님들의 이야기를 읽다 보면 '작은 사회'라 불리는 교실 현장에 왜 그렇게 상처와 스트레스가 많은지 공감하게 될 것이다. 또한 교사 스스로 자신을 성찰하고 동료 교사들과 협력하는 데 크게 도움이 되리라 확신한다.

사실 교사들의 수업상처와 스트레스는 교사 개인의 성격과 흥미를 넘어 학생과 학부모 관계에서 시작되는 경우가 더 많다. 따라서 교사의 수업성격 및 수업흥미를 탐색하는 활동과 더불어 반드시 아이들의 학습성숙도에 따른 지도방안을 함께 성찰하는 것이 필요하다. 중요한 건 교사와 아이들 모두 각자의 강점을 살릴 수 있는 수업방법을 모색하는 것이다.

수업을 통해 교사와 아이들 모두 행복할 수 있으면 얼마나 좋을까? 이 책은 그런 좋은 수업을 고민하는 선생님들에게 작은 희망을 주기 위해 만들어졌다. 수업성숙도를 통해 교사 자신의 수업능력과 수업실행의 강점을 찾아본다면 동료 교사와 보다 의미 있는 성찰협력과정을 이룰 수 있을 것이다. 그런 성찰과 협력의 도전이 시작되길 바라는 간절한 마음을 담아 지금부터 우리 선생님들에 대한 이야기를 시작해보려 한다.

★ 《성격의 재발견: 마이어스 브릭스 성격유형 탐구》, 이사벨 브릭스 마이어스 지음, 정명진 역, 부글북스.

★★ 《수업도시락, 성찰과 협력을 담다》, 정민수 지음, 행복한 미래.

★★★ 《효과적인 교수법》, 박승배·부재율·설양환·이미자·조주연 공역, 아카데미프레스.

★★★★ NERIS ANALYTICS LIMITED 성격유형(https://www.16personalities.com/ko)

차례

1부. 교사의 강점이 최고의 수업을 만든다

2부. 수업코칭을 시작하는 4가지 핵심 유형
(1~4유형)

3부. 수업을 성장시키는 수업성숙도 조합을 찾아라(5~11유형)

4부. 수업성찰을 완성하는 힘, 최고의 수업을 만든다(12~16유형)

5부. 정민수 선생님의 역량강화교수법, 당신의 강점이 위대한 수업을 만든다

0부

당신은 어떤 선생님입니까?

학교는 다양한 기질의 사람들이 모여서 교육공동체를 이룬다. 핵심 구성원은 단연 선생님과 아이들이다. 가끔 그 선생님과 아이들조차 학교라는 교육공동체에 적응하지 못하는 경우가 있는데, 전통과 관습을 중시하는 학교문화에 알레르기 반응을 보이는 구성원들이다. 이들은 학교의 엄격한 규칙이나 질서에 적응하는 데 어려움을 겪는 기질을 타고난 경우가 대부분이다. 그러나 학교라는 작은 사회에 들어온 이상 최소한의 규범을 지켜야 한다고 강요받는다. 특히 한국, 중국, 일본처럼 보수성향이 강한 나라에서는 개성이나 창의성보다 전통적인 표준화교육의 중요성을 더 강조하는 경향이 짙다. 다른 관점에서 보면 상대적으로 관리 성향이 부족한 이들이 피해를 보는 구조라고 할 수 있다.

한때 학교에 획일화된 교육이 필요한 시대가 있었다. 짧은 시간의 주입식 교육을 통해 표준화교육의 완성도를 높이는 것이 학교의 주된 임무라고 믿던 시절이었다. 그러나 현대에 접어들면서 오랜 시간 자리매김했던 교육의 수요와 공급의 원칙이 무너지기 시작했다. 농업에 비유하자면 일체의 합성화학 물질을 사용하지 않는 유기농이 새롭게 주목받는 이치와 비슷하다. 표준화교육에 의해 양산된 대량 생산품보다 교육생태계의 자연순환 원칙에 의해 재배되는 신선하고 창의적인 유기농이 요구되기 시작한 것이다. 이런 시대의 요구에 거슬러 아직도 천편일률적인 교사상과 학습태도를 강요하지는 않는지 진지한 성찰이 필요한 시점이다.

그 진지한 성찰을 위해 몇 분의 선생님들을 한 명씩 세밀하게 바라보려 한다. 타고난 기질이 다른 각 선생님을 통해, 이 시대 교사상을 바라보는 우리의 현 위치는 어디인지를 함께 성찰하는 시간이 되길 바란다. 성격 유형의 핵심기질을 대표하는 다음 캐릭터들을 먼저 살펴보면 더 깊이 있는 성찰이 가능할 것이다.

탐험형(덤블도어, 출처: 네이버)
대범하게 경험을 통해
지식을 얻는 자유로운 영혼

관리형(헤르미온느, 출처: 네이버)
의무와 책임을 다하는
성실한 원리원칙주의자

분석형(해리포터, 출처: 네이버)
고집스럽게 지적 도전을
추구하는 순수한 열정주의자

외교형(론 위즐리, 출처: 네이버)
관계에 예민하고 상상력이
뛰어난 이상주의자

교장선생님, 어서 피하세요

선생님과 아이들이 갑자기 과학실에서 쏟아져 나온다. 아이들 대부분 눈이 충혈되어 있고, 일부 아이들은 헛구역질을 하는가 하면, 어떤 아이들은 코가 맵다며 난리법석이다. 과학실 바로 옆 교장실에 계시던 교장선생님도 엉뚱 선생님의 다급한 목소리를 듣고 덩달아 운동장으로 피신했다. 아이들과 교장선생님의 얼굴은 사색이 되어 있는데, 엉뚱 선생님은 코를 훌쩍거리면서도 뭐가 그리 재미있는지 어린아이처럼 싱글벙글이다.

"아이고! 교장선생님, 죄송합니다. (머리를 긁적이며) 과학실험을 하다가 또 실수했네요."

뒤늦게 따라 나온 교감선생님께서는 늘 엉뚱한 행동으로 학교를 발칵 뒤집어 놓는 그 선생님이 오늘도 한 건 했다며 한탄했다. 하지만 그런 교감선생님의 입가에 번지는 미소는 엉뚱 선생님에 대한 미움이라기보다 조금 더 조심하라는 주의에 가까웠다. 사실 교감선생님은 항상 밝고 명랑하게 지내는 엉뚱 선생님을 보는 재미로 학교 올 맛이 난다고 말하곤 한다. 그렇지만 교장선생님까지 놀란 새가슴으로 운동장으로 뛰어나오게 하다니 오늘은 좀 심하다 싶었나보다.

엉뚱 선생님은 아이들과의 신나는 과학실험을 위해 '여러 가지 방법으로 용액 분류하기' 수업을 모둠별 경쟁수업으로 전개했다. 그런데 선생님 말에 의하면 과학수업을 하면서 묽은 암모니아수를 찾지 못해 좀 오래된 암모니아수를 열었다고 한다. 문제는 그 오래된 암모니아수의 독성이 생각보다 강했단다. 지독한 암모니아 냄새는 삽시간에 과학실을 덮쳤고 바로 옆 교장실까지 침범해 들어갔다. 모두들 이런 뜻밖의 사건에 놀랄 만도 한데 엉뚱 선생님의 악의 없는 실수에 익숙해서 그런지 이번에도 그냥 웃음으로 넘어간다.

엉뚱 선생님의 예상 밖의 행동들은 이미 학교 구성원들 사이에서도 유명하다. 신규교사인데도 불구하고 말이 많고 작은 실수가 잦으면서도 입담이 구수해 주변 선생님들을 웃기는 재주가 있다. 또 식탐까지 있어 교무실에 간식이 조금 들어오면 엉뚱 선생님이 오가며 접시를 독차지한다. 거기에 넉살은 얼마나 좋은지 지나가는 선생님들을 붙잡고 간식을 함께 나누며 배꼽을 잡고 웃게 만드는 능력이 있다. 그나마 다행인 건 자신의 실수에 대한 인정이 빠르고, 선배 교사들의 눈치를 살펴 대응하는 임기응변에 뛰어나다는 것이다. 한마디로 여기저기에서 말썽은 피우는데 차마 미워할 수 없는 후배 선생님이다.

아쉬운 건 매사 계획성이 부족해 아이들을 지도하면서도 즉흥적인 활동 위주의 수업이 많다는 점이다. 한 번은 사회교과 공개수업을 하는데, 40분 수업을 20분 만에 정리활동까지 모두 마무리했다. 뒤에서 참관하던 선생님들은 엉뚱 선생님이 뭔가 다른 생각이 있을 거라 예상했지만 설마가 역시나였다. 아무 계획이 없던 엉뚱 선생님은 뒤늦게 시계를 확인하고 부랴부랴 관련 영상을 검색해 아이들에게 보여주었고, 우리는 모두 영상 관람으로 20분을 보내야만 했다. 수업이 끝나자 교장선생님은 뒷목을 잡고 아무런 말씀 없이 교실을 나갔고, 이 모습을 지켜본 동료 선생님들 모두 할 말을 잃고 말았다.

그래도 학급 아이들에게만큼은 엉뚱 선생님이 최고였다. 무계획으로 시작된 수업이 어디로 튈지 몰라 늘 불안하지만, 엉뚱 선생님은 아이들이 하고 싶은 수업에 언제나 적극적으로 동참해주었다. 수업의 주도권이 선생님보다 아이들에게 있다 보니 어른들이 보기에는 늘 엉성하지만, 수업의 내용이 아이들에 의해 채워지는 모습은 참 인상적이었다. 가끔 엉뚱 선생님 교실을 가보면 아이들이 유난히 소란스럽다. 그런데도 불구하고 그 속에서 아이들과 함께 떠들고 즐기는 모습을 보면 '역시 엉뚱 선생님'이라는 생각이 든다. 어쩌면 엉뚱 선생님의 이런 밝고 명랑한 아우라(aura)를 우리 학교 시스템이 받아주지 못하고 있는 건지도 모르겠다.

엉뚱 선생님은 세상을 즐거움이라는 안경을 끼고 바라보는 경향이 있다. 선생님 입장에서 보는 학교는 또 다른 놀이터일 뿐 아이들을 구속하는 공간은 아니라고 생각하는 것 같다. 우리가 일반적으로 떠올리는 교실 풍경과 사뭇 다르게 전개되는 모습이 재미있을 뿐이다. 앞으로 엉뚱 선생님이 교육경력을 쌓아가면서 어떻게 성장해갈지 기대가 된다. 우리 학교공동체에 이렇게 재치 넘치는 엉뚱 선생님이 있다는 건 어쩌면 큰 행운인지도 모른다.

02

: 에피소드 2 :

올해 맡은 아이들은 참 유치해요

작년에 이어 올해도 6학년 담임을 연이어 맡고 있는 한 여선생님을 만났다. 수업공개 초청을 받고 찾아간 교실은 창문이 모두 열려 있어서인지 조금 추웠다. 아이들 중 일부 추위를 타는 아이들도 있었지만 옷을 여밀 뿐 누구 하나 창문을 닫자고 건의하는 아이가 없었다. 선생님의 인상은 한없이 따뜻하기만 했는데, 왠지 수업 모습은 엄격하게 갈 곳이 이미 정해진 듯했다. 대부분 이런 따끈 선생님은 최대한 아이들의 눈높이에 맞추며 차분한 언어로 수업을 시작하는 경우가 많다. 반면 선생님이 중요하다고 생각하는 부분이 나오면 그때부터는 수업을 하면서도 의미 있고 가치 있는 활동에 중점을 두는 경향이 짙어진다.

따끈 선생님은 기사문이 갖추어야 할 조건을 알아보는 수업을 전개하며 아이들에게 빈틈을 주지 않았다. 오히려 기사문이 갖추어야 할 조건을 탐색하는 활동에서는 교과서 내용을 더 꼼꼼하게 살펴보며 내용을 채우는 데 집중했다. 아이들 대부분은 수업에 충실하게 따라오고 있었고, 빈틈 없는 수업에서 자신의 역할을 잘 해내고 있었다. 그런데 이상하게도 수업은 다소 무미건조한 느낌이었다. 학급 분위기를 보면 선생님이 조금 더 여유를 갖고 아이들이 참여할 공간을 열어주어도 좋을 것 같은데, 따끈 선생님은 빈틈을 주지 않았고 아이들이 수업목표에 도달하도록 더욱 채찍질하는 것만 같았다.

수업이 끝나고 이 부분에 대해 따끈 선생님과 이야기를 나누자 선생님은 한숨을 크게 쉬며 이야기를 풀어냈다. 따끈 선생님은 6학년 아이들이 2학기에 들어 부쩍 다루기 힘들어졌다는 속내를 털어놓았다. 1학기 때는 따끈 선생님의 기질대로 아이들 한 명 한 명을 세밀하게 보살펴주는 따뜻한 선생님의 모습이었지만, 2학기에 들어와서는 도저히 그런 모습으로 아이들 앞에 설 수 없었다는 것이다. 그런 따끈 선생님과 성찰협력과정에 깊이 있게 들어가자 탐험 영역에서 수업 스트레스가 많아 보였다. 따끈 선생님의 수업성격상 탐험적인 요소가 발현되기 어려운 상황인데도 불구하고, 선생님은 학급운영과 수업지도에서 체험적인 활동을 많이 전개하고 있었던 것이다. 그러다 보니 따끈 선생님의 외적인 모습도 자연스럽게 딱딱해진 것 같았다.

수업이 끝나고 이야기를 나누는 선생님의 모습은 천상 따뜻한 선생님이다. 따끈 선생님은 평소 인정 많은 외유내강형이기 때문에 속은 강할지 몰라도 겉모습은 한껏 부드럽다. 하지만 아이들 앞에서 이런 부드러운 모습으로만 수업에 임하면 수업의 질서가 바르게 서지 않는 상황까지 온다는 걸 경험을 통해 알고 있었던 것이다. 최근에는 탐험형 아이들의 유치한 장난까지 거침없이 받아주며 아이들을 적극적으로 조율하고 충성심을 유발하는 타고난 관리자의 면모를 보이기도 했다. 잘 생각해보면 따끈 선생님이 자신에게 부족한 탐험가 기질을 발현하는 모습은 오히려 더 격려해야 할 일일지도 모른다. 특히 2학기 들어 6학년 교실에 고삐 풀린 망아지처럼 날뛰는 탐험형 아이들이 많은 경우에는 더더욱 그렇다.

요즘 말하는 좋은 수업의 트렌드를 따라가려면 아이들이 수업에 더 주도적으로 참여할 수 있도록 수업을 재구성해야 하는데, 따끈 선생님으로서는 도저히 감당이 되지 않았던 것이다. 그래서 최후의 카드로 어쩔 수 없이 탐험가라는 가면을 선택했다. 다행인 건 탐험형 기질을 발현하면서 따끈 선생님이 지금까지보다 더 큰 안목을 가질 수 있게 되었다는 점이다. 그동안 알지 못했던 탐험형 아이들의 학습성격까지 폭넓게 이해하는 힘이 생긴 것이다. 그 결과 최근 따끈 선생님이 보이는 행동이 하나 있다. 바로 탐험형 아이들의 유치한 장난을 함께 따라하며 맞춰주는 모습이다. 옛날 같으면 따끈 선생님이 감당하기 힘들던 행동들이었는데 말이다. 조금씩 달라지는 모습에 박수를 보내고 싶다. 성찰협력과정에서 선생님이 보였던 수업 스트레스가 이제는 수업의 자신감으로 변해가길 기도해본다.

03

: 에피소드 3 :

지금부터 오와 열을 맞춘다. 실시!

쉬는 시간 종이 치자마자 교실에서 쏟아져 나온 아이들로 복도는 금세 북새통이 되었다. 그런데 갑자기 아이들이 복도 중앙통로를 비워두고 좌측통행을 하기 시작한다. 중앙통로에는 검정색 롱패딩과 선글라스를 낀 한 선생님이 근엄하게 지나가고 있다. 뒷짐을 지고 불룩 튀어나온 배를 내밀며 유유히 걸어가는 근엄 선생님의 포스에 아이들 모두 겁에 질린 모습이다. 근엄 선생님은 아이들 앞에서 절대 웃는 법이 없다. 선생님은 늘 무뚝뚝한 표정으로 목소리를 깔고 아이들이 어린이로서 지켜야 할 예의범절과 규칙을 강조한다. 그러다 보니 근엄 선생님이 맡고 있는 교실은 항상 쥐 죽은 듯이 조용하다.

어느 따뜻한 봄날, 학교 운동회 준비를 위해 운동장에 천여 명의 학생들이 한꺼번에 쏟아져 나왔다. 교무선생님의 카랑카랑한 목소리가 스피커를 통해 흘러 나왔지만 아이들은 도통 줄을 맞추려 들지 않는다. 답답한 담임 신생님들이 아이들 사이사이를 오가며 줄을 맞추려고 노력하지만, 천여 명의 줄을 반듯하게 맞추기란 여간 어려운 것이 아니다. 그때 혜성처럼 조회대에 올라가 마이크를 잡은 건 역시 근엄 선생님이다.

"니들, 똑바로 안 서나? (잠시 정적이 흐른 뒤 큰 목소리로) 지금부터, (숨을 크게 고르고 이를 꽉 문 채) 오와 열을 맞춘다. 실시!"

갑자기 스피커에서 단호하면서도 차분하고 엄중한 근엄 선생님의 목소리가 나오자, 가장 먼저 운동장 한가운데 서 있는 고학년 아이들부터 반응이 오기 시작한다. 고학년 아이들이 알아서 오와 열을 맞추는 건 기본이고 그렇게 떠들어 대던 아이들이 꿀 먹은 듯이 조용해진다. 살얼음판 같은 분위기가 조회대에서 고학년이 있는 운동장 한가운데를 지나 운동장 모서리까지 퍼진다. 근엄 선생님은 단지 오와 열을 맞추라는 말 한마디를 한 후 선글라스를 끼고 조회대에서 아이들을 바라볼 뿐이다. 그런데도 고학년 아이들부터 코흘리개 1학년 아이들까지 순식간에 줄을 맞추는 모습은 마치 서부영화의 한 장면 같다. 이 모습을 지켜보는 선생님들도 근엄 선생님의 카리스마에 놀라긴 마찬가지다.

그날 점심시간, 교무실에는 온통 근엄 선생님에 대한 이야기로 꽃이 피었다. 특히 옆에서 근엄 선생님을 늘 지켜보던 동학년 선생님들이 들려주는 이야기는 들으면 들을수록 신기할 정도다. 근엄 선생님의 학급경영 방침은 '자기 할 일은 알아서 한다!'였다. 선생님의 지시사항이 따로 없는 한 아이들이 스스로 어떻게 행동해야 하는지 알아서 움직여야 한다는 뜻이란다. 생각해보니 근엄 선생님이 맡고 있는 반 아이들의 자치활동은 꽤나 활성화되어 있었다. 특히 선생님이 아침 육성종목 지도로 교실에 늦게 올라오는 날엔 그 반 아이들의 활동이 더욱 빛났다. 오히려 선생님이 없을 때 아이들끼리의 학습이 더 활발하게 이루어졌다. 이 말을 한쪽 구석에서 조용히 듣고 있던 근엄 선생님이 무미건조하면서도 단호한 표정으로 당연한 거 아니냐며 손사래를 치고 나간다.

　근엄 선생님은 기본적으로 자신이 알고 있는 신념을 아이들이 따라와야 한다는 입장이었다. 예를 들어 자신이 맡은 일은 끝까지 책임져야 한다는 것, 누군가에게 도움이 필요하면 정성껏 도와주어야 한다는 것, 각종 사회규범이나 교통질서를 지키고 살아가야 한다는 것 등 어쩌면 우리 사회의 구성원으로서 꼭 지켜야 할 것들을 엄격하게 강조하고 있었다. 이런 근엄 선생님의 단호함에 대부분의 아이들은 군소리 없이 잘 따라주었다. 하지만 일부 아이들과 학부모들의 입장은 약간 달랐다. 문제는 시간이 지날수록 선생님의 엄격함에 반기를 드는 학부모들이 많아졌다는 점이다. 학부모들은 근엄 선생님의 거침없는 언행과 강압적인 지도방식 때문에 아이들이 상처를 받았다고 주장했다. 그들은 아이들에게 필요한 건 실수에 대한 훈계보다 미숙한 아이들이 바르게 자랄 수 있도록 도와주는 따뜻한 관심이라고 말했다. 아쉽게도 근엄 선생님의 독특한 학급경영은 오래가지 못했다. 학부모들은 교장실로 찾아와 선생님에 대한 불만을 잔뜩 쏟아부었고 아이들 뒤에 학부모가 있음을 과시하고 갔다. 할 수 없이 다음 해가 되자 근엄 선생님은 조용히 체육전담교사로 밀려났다. 근엄 선생님을 학급담임교사로 인정해주지 못하는 학교가 원망스러웠지만 거세지는 학부모들의 반발을 이겨낼 재간이 없었다. 하지만 근엄 선생님의 카리스마는 운동장에서도 계속 이어졌다. 선생님의 선글라스를 뚫고 나오는 카리스마는 운동장에서 평화를 이루었고, 아이늘은 질서 있게 운동하는 법을 배울 수 있었다. 선생님의 열정적인 도전이 계속 이어질 수 있으면 얼마나 좋을까?

04

: 에피소드 4 :

4인 4색 사회수업이 시작되다

수업성격이 극명하게 갈리는 네 명의 선생님들을 만났다. 선생님들은 '지역사회의 발전'이라는 동일한 수업주제로 사회수업을 어떻게 전개할지 고민하고 있었다. 탐험형, 관리형, 분석형, 외교형 등 자기만의 캐릭터가 분명한 선생님들은 각자의 수업색깔과 바람을 담아 의미 있는 수업을 전개했다.

지역문제? 우리 손으로 해결하지 뭐!

먼저 어느 탐험형 선생님이 아이들을 인솔하여 학교 근처 가까운 주민센터를 찾았다. 주민센터에서 우리 지역의 문제를 가장 잘 알고 있을 것이라 판단했기 때문이다. 탐험형 선생님과 아이들은 주민센터의 안내로 지역 현황과 최근 이슈 등을 들을 수 있었다. 선생님은 지역문제 해결을 위해 재미있는 게임을 하자고 제안했다. 게임 주제는 '지역문제 해결책 찾기'

로 학교 주변의 관공서나 상가에 들어가 상점 주인을 인터뷰하며 해결책을 찾아오는 걸로 정했다. 아이들은 네 팀으로 나뉘어 지역의 문제를 해결하기 위한 주민들의 의견들을 듣고자 여러 직종의 사람들을 만나 열심히 인터뷰를 했다. 아이들 모두 학교 주변 곳곳을 친구들과 함께 누비며 생생한 삶의 현장을 스마트폰 영상으로 담아 오느라 바쁜 하루를 보냈다. 탐험형 선생님의 이런 수업은 아이들의 도전정신을 길러주는 데 도움을 주고 있었다. 또한 지역문제 조사부터 해결책 모색까지 아이들의 참여가 경쟁적으로 전개되어 아이들의 주도성을 키워주는 데도 큰 효과가 있어 보였다.

우리 지역의 특성을 잘 알아야 해결도 할 수 있겠지~!

관리형 여선생님은 아이들에게 지역의 정보를 정확하게 제공하는 것을 우선으로 여겼다. 지역특성에 대한 정확한 정보를 알아야 지역사회의 발전 방향을 수립할 수 있다고 판단한 것이다. 관리형 선생님은 우리 지역의 특성과 상징물의 관계를 일목요연하게 정리하기 시작했다. 아이들이 짧은 시간에 우리 지역의 특성을 한눈에 파악할 수 있도록 지도하기 위해서였다. 관리형 선생님은 교실에 아이들을 바르게 앉혀 놓고 지역의 상징물을 하나하나 보여주면서 우리 지역의 특성에 대해 자세히 설명하기 시작했다. 아이들은 평소 그냥 지나치던 상징물에 대해 자세히 들을 수 있었고, 우리 지역의 특성과 어떤 연관성이 있는지 공책에 꼼꼼하게 정리할 수 있었다. 또한 관리형 선생님은 아이들이 배운 지역의 특성을 활용해 우리 지역만의 상징물을 만들어보는 창작활동을 전개했다. 대부분의 아이들은 꼼꼼한 관리형 선생님의 명쾌한 강의를 듣고 배경지식을 활용해 우리 지역의 상징물을 만드는 창작활동에 적극적으로 참여했다.

네가 꿈꾸는 우리 지역의 미래 모습은 무엇이니?

분석을 잘하는 한 남선생님은 질문을 통해 천방지축 아이들의 눈빛을 호기심으로 바꾸어 놓고 있었다. 사실을 말하자면 우리 지역의 미래 모습에 대해 분석형 선생님 본인이 상상의 날개를 펼치고 있었다. 선생님은 어릴 적 자신이 꿈꾼 미래의 모습을 아이들에게 들려주며 현재 우리 지역과 비교해 상호분석해보도록 이끌어주었다. 뿐만 아니라 아이들 각자 분석가의 눈으로 우리 지역의 미래 모습을 상상해보고 실현할 수 있는 방법을 모색해보도록 하였다. 아이들은 지역의 미래 모습을 자유롭게 발표하며 분석형 선생님이 인도하는 네버랜드로 들어갔다. 간혹 지역의 현재 모습과 선생님이 들려주는 미래 모습을 이해하지 못하는 친구들도 있었지만 대부분의 아이들은 꼬마 분석가로 돌변해 있었다. 분석형 선생님은 아이들이 우리 지역의 모습을 또 다른 시각으로 바라볼 수 있도록 각종 지도 애플리케이션(app)을 이용해 거리뷰와 항공뷰를 보여주었다. 아이들은 학교가 끝나면 금세라도 마을 곳곳을 누비며 지역의 미래 모습을 만들 것처럼 한껏 들떠 있었다.

주변 사람들을 위해 우리가 할 수 있는 일을 찾아 직접 해볼까?

마지막으로 관계에 집중하는 한 여선생님은 따뜻한 사회를 만들기 위해 지역에서 헌신하는 지역주민에 대한 영상을 준비해왔다. 외교형 선생님은 아이들과 함께 영상을 감상하며 우리 지역에도 이런 아름다운 사람들이 있다는 사실을 알려주었다. 뿐만 아니라 돌아오는 주말에는 그 영상 속 주인공을 직접 만나 학급 친구들과 함께 자원봉사를 하자고 권유했다. 사실 외교형 선생님은 지역사회 봉사단체에 이미 가입되어 있어, 한 달에 한 번씩 자원봉사 활동을 하고 있었다. 다행히 외교형 선생님을 잘 따르는 아이들은 특별한 거부감 없이 자원봉사를 하자는 의견에 공감했다. 외교형 선생님은 우리 학급만의 의미 있는 자원봉사를 위해 모둠별로 실천계획을 세워보자고 권유했다. 아이들과 함께 펼치는 자원봉사는 독거노인을 위한 반찬 만들기, 환경정화를 위해 주변 청소하기, 마을 어르신들을 위한 재롱잔치 등 다양한 실천계획들이 쏟아졌다. 자연스럽게 외교형 선생님이 생각하는 지역사회의 발전 방향으로 아이들의 실천적인 참여가 이어졌고, 이는 지역사회의 잔잔한 감동을 불러일으키기에 충분하였다.

05

: 에피소드 5 :

문제없어요, 저에게 맡겨주세요

교육과정 편성, 학예회, 수집통계, 학년친목, 운동회 등 학년 초에 동학년 선생님들과 함께 모여 연간 학년업무를 분장하고 있었다. 다들 고학년 학급을 맡아 부담스러운 터라 학년업무라도 최소화하려고 서로 눈치를 보고 있는 상황이었다. 특히 올해는 새로 전입한 선생님들이 많아 서로가 조심스럽게 접근하다 보니 퇴근 시간을 훌쩍 넘겨버렸다. 이윽고 학년의 모든 연간업무가 고르게 분장되었지만, 복도 끝에 새로 설치된 학년별 다락방 게시판이 뜨거운 감자로 남았다. 누구 하나 게시판을 맡겠다고 나서는 선생님이 없었다. 이대로 아무도 자원하지 않는다면 어쩔 수 없이 업무가 과중한 부장선생님이 맡아야 할 형편이었다.

모두가 지쳐가는 그때 손을 번쩍 든 선생님이 있었다. 출산휴가를 마치고 막 복직한 용감한 선생님이었다. 용감 선생님 역시 출산 후유증에 신생아까지 있어 추가 업무를 감당할 처지가 아니었다. 그럼에도 손을 든 건 더이상 이 상황을 그대로 지켜보면 동학년 모임에 균열이 갈 것 같다는 걱정 때문이었다. 용감 선생님은 아무렇지도 않다는 듯이 선생님들에게 말했다.

"그럼 제가 해볼게요. 문제없어요. (단호한 목소리로) 저에게 맡겨주세요!"

　모두들 각자 피치 못할 이유가 있었지만 막상 용감 선생님이 이렇게 단호하게 자원하자 미안한 마음이 물밀듯 몰려오기 시작했다. 다행히 용감 선생님 덕분에 동학년 첫 번째 회의는 별 잡음 없이 마무리되었다. 그런데 다음날 용감 선생님은 게시판을 동학년 학급 수에 맞춰 분할한 후 학급 표찰을 만들어 각각 붙여 놓았다. 아이들이 하교한 후 동학년 선생님들은 용감 선생님의 요청으로 다락방 게시판 앞에 모두 모였다. 선생님들은 정확하게 학급 수에 맞춰 분할되어 있는 게시판을 보고 용감 선생님의 의도가 무엇인지 한눈에 알 수 있었다. 모두들 어제의 미안한 마음이 남아서인지 특별한 말없이 학급별 특색을 살려 게시판을 꾸며야겠다는 다짐을 하며 헤어질 수 있었다. 결국 다락방 게시판은 한 해 동안 동학년 선생님들의 협동 작업으로 운영되었다.

　다음해 용감 선생님은 혁신학년의 부장교사가 되었다. 용감 선생님은 작년 동학년 협의회 때 힘들었던 점을 기억하고 이번에는 학년업무분장의 기준을 미리 마련해왔다. 덕분에 학년업무분장을 위한 동학년 회의는 일사천리로 마무리되었다. 용감 선생님은 자신감을 얻기 시작했고, 부장교사로서의 역할을 어떻게 해야 할지 배울 수 있었다. 더욱이 이번 해에는 동학년이 혁신학년으로 지정되어 할 일이 더욱 많았다. 특히 교육과정의 재구성을 통한 프로젝트 수업이라는 커다란 과제가 놓여 있었다. 교육과정 재구성은 주제통합, 단원통합, 교과통합 등 다양한 방법이 있었고 성취기준과 지역특싱을 반영해야 한다. 더 큰 문제는 동학년 선생님들 중 누구도 프로젝트 수업을 진행해본 적이 없다는 점이었다. 그야말로 혁신학년을 어떻게 꾸려나가야 할지 모두 난감한 상황이었다.

하지만 용감 선생님은 동학년 선생님들에게 특유의 자신감을 내비쳤다. 매사 긍정적이고 업무처리에 두려움이 없는 용감 선생님만의 장점이기도 했다. 이번 교육과정 재구성 작업도 본인이 먼저 샘플을 만들어 오기로 했다. 용감 선생님은 먼저 교육과정 재구성 관련 도서를 구입해 정독하기 시작했다. 그사이 동학년 선생님들에게는 과목을 나누어 주고 교과서 분석을 하도록 했다. 부장교사가 된 용감 선생님은 리더로서 본격적으로 실력을 발휘하기 시작했다. 동학년에서 해결해야 할 일이 떨어지면 용감 선생님이 먼저 나서서 상황을 파악한 후 선생님들에게 적절하게 배분하여 처리했다. 그런 리더의 노력과 헌신으로 동학년은 늘 활기가 넘쳤고, 선생님과 아이들의 참여가 점점 높아져 좋은 결과들을 얻어가기 시작했다.

06

: 에피소드 6 :

대회가 코앞인데 나보고 어쩌라고?

점심시간, 비좁은 강당 무대 위에 합창부 아이들이 올라와 피아노 선율에 맞춰 아름다운 하모니를 만들어 내고 있었다. 그런데 무대 아래에서는 이십여 명의 댄스부 친구들이 신나는 음악에 맞춰 몸을 흔들고 있다. 합창부는 피아노 반주를 들어야 하고, 댄스부는 비트에 맞춰 몸을 움직여야 하는데 같은 공간에서 함께 연습하다 보니 서로에게 방해가 되고 있었다. 연습이 끝나고 머리를 질끈 동여맨 댄스부 선생님에게 먼저 찾아온 건 올해 합창부를 새로 맡은 신규 선생님이었다. 두 선생님 모두 적잖이 스트레스를 받아서 그런지 얼굴이 상기되어 있었다. 신규 선생님은 최대한 공손하게 강당 사용 시간을 조정해보자고 요청하였다. 그러나 질끈 선생님은 올라오는 화를 주체하지 못하고 큰 소리를 내고 말았다.

"지금 대회가 코앞인데 나보고 어쩌라고요! 우리 댄스부도 연습할 공간이 여기밖에 없다는 것 모르세요?"

신규 선생님은 질끈 선생님이 목소리를 높이며 화를 내자 순간 얼어버렸다. 그러거나 말거나 질끈 선생님은 지도시간이 얼마나 부족한지, 대회 준비가 얼마나 어려운지 등 댄스부 운영의 고충에 대해서 장황하게 늘어놓기 바빴다. 이런 일방적인 성화를 묵묵히 듣고 있던 신규 선생님의 얼굴이 질끈 선생님의 눈에 들어온 건 한참이 지난 후였다. 그 상황이 무안했는지 질끈 선생님은 뒤도 안 돌아보고 카세트를 들고 강당을 나가버렸다. 신규 선생님은 어안이 벙벙해서 더 이상 아무런 말도 할 수 없었다.

질끈 선생님의 특이한 일화들은 동료 선생님들 사이에서 쉽게 들을 수 있었다. 평소에도 범상치 않아 보이는 질끈 선생님에 대해 아이들에게 물어보면 의견이 반반으로 갈렸다. 어떤 아이들은 선생님이 너무 몰아붙이기만 해서 숨이 막힌다고 하고, 또 다른 아이들은 선생님의 통통 튀는 아이디어와 열정적인 가르침이 정말 매력적이라고 했다. 분명한 건 질끈 선생님에게는 성취하려는 목표가 뚜렷하게 설정되어 있고, 그 목표를 향해 고집스럽게 밀어붙이고 있다는 점이다. 그러다 보니 주변 상황을 살피는 세심함이 부족하고, 선생님이 설정한 기준에 도달하지 못하는 아이들을 다그치는 경향이 있었다.

정규수업이 모두 끝나면 선생님 교실은 늘 음악과 춤으로 가득 찼다. 댄스부를 맡아 지도하는 질끈 선생님은 대회에 나갈 안무까지 아이들과 함께 모두 직접 만들었다. 댄스를 좋아하는 아이들은 질끈 선생님의 그런 몸놀림에 흠뻑 빠져 있었고, 선생님의 동작 하나하나를 그대로 따라 하기 위해 혼신의 힘을 다했다. 질끈 선생님은 안무를 잘 이해하고 따라오는 친구들에게는 항상 더 높은 기준을 제시해야 한다고 생각했는데, 그래야 성장할 수 있고 댄스경연대회에서도 우수한 성적을 거둘 수 있을 거라고 판단한 것이다. 그런 질끈 선생님의 지도 방법은 학급경영에도 동일하게 적용되었다. 학급에서 수업을 할 때도 선생님의 설명을 열심히 경청하는 아이들에게는 늘 추가 과제를 제시했다. 선생님은 열심히 한 만큼 더 많은 학습을 하면 더 훌륭한 아이가 될 거라고 늘 주장했다.

다행히 상당수의 아이들이 이런 질끈 선생님의 지도 방법을 잘 따라왔다. 심지어 선생님이 제시하는 추가 과제가 보상이라고 느끼는 아이들도 있었다. 문제는 질끈 선생님의 시선이 늘 우수한 아이들에게만 고정되어 있다는 점이다. 사실 선생님의 기준이 높다 보니 그 기준을 모두 충족할 수 있는 아이들이 거의 없었다. 눈높이를 맞추는 아이가 아예 없으면 질끈 선생님은 아이들을 호되게 질책했다. 어쩌면 그 질책은 아이들에게가 아니라 질끈 선생님 자신을 향한 것인지도 모르겠다. 그만큼 자신이 설정한 목표를 멋지게 성취하려는 욕망이 큰 것이다.

질끈 선생님이 아이들에게 쏟아붓는 이런 열정 자체는 모든 선생님들에게 박수 받아 마땅하다. 그러나 일부 선생님들은 학교라는 공동체 안에서 자기 학급 또는 질끈 선생님 본인의 목표만 중요하다고 생각하는 건 아닌지 반성이 필요하다고 지적했다.

07
: 에피소드 7 :
아, 난 햇빛 알레르기가 있단다

　가을운동회 준비로 한창 바쁠 때였다. 운동장 연습시간을 4교시로 배정받은 4학년 선생님들이 운동장에서 아이들의 줄을 세우고 있었다. 그날 따라 늦여름의 마지막 무더위가 기승을 부리는지 파란 하늘의 햇볕이 유난히도 따가웠다. 운동회 연습을 시작하기도 전인데 벌써부터 선생님들과 아이들의 얼굴에 땀방울이 송골송골 맺힌다. 그해 4학년은 3개 반밖에 없어서 선생님 3명이 함께 협력하여 운동회 연습을 해야만 했다. 운동장에서 아이들이 어느 정도 줄을 맞추자 부장선생님이 운동복을 입고 나온 2반 선생님께 마이크를 주며 전체 지도를 부탁했다. 3반의 양산 선생님은 마땅한 운동복이 없다며 정장차림으로 운동장에 나온 상태였다. 더 가관인 것은 선글라스와 흰색 망사 장갑을 끼고 핑크빛 양산까지 쓰고 있었다. 아이들에게 눈치가 보이는지 하얀 운동화를 착용하고 나온 건 그나마 다행스러운 일이었다.

　4학년의 운동회 게임은 짝과 함께 달려가 커다란 주사위를 던져 거기에서 나온 미션을 수행하고 원래 위치로 다시 돌아오는 활동이었다. 이런 게임 내용은 각 교실에서 이미 설명했었지만 3개 반이 모여서 합동 연습을 하다 보니 여기 저기 신경 쓰고 지도해야 할 사항이 한두 가지가 아니었다. 더욱이 4학년 전체 아이들이 청군과 백군으로 나뉘어 일사분란하게 줄을 맞춰 움직이려면 곳곳에서 선생님들의 손길이 꼭 필요했다. 조회대에서 마이크를 잡은 2반 선생님은 연신 호루라기를 불며 아이들의 전체 움직임을 진두지휘하고 있었다. 부장선생님은 운동장에 서 있는 아이들의 행렬을 쫓아다니며 줄을 반듯하게 맞추고 있었다. 이 와중에도 양산 선생님은 하얀 마스크까지 꺼내 쓰고는 아이들 무리 속으로 전혀 들어오려 하지 않았다.

문제는 3반 아이들이었다. 담임 선생님이 소극적이어서 그런지 3반 아이들의 대열이 무너져 있었다. 운동장 연습은 계속 터덕거렸고, 부장선생님과 2반 선생님은 3반 아이들에게 주의를 주느라 정신없이 움직여야만 했다. 그 모습을 멀리서 바라보던 양산 선생님이 아이들 무리로 들어온 건 운동장 연습이 모두 끝난 다음이었다. 그때서야 미안한 마음을 드러낸 건 고작 이 한마디였다.

"아, 난 햇빛 알레르기가 있단다. (마스크를 벗으며) 모두 손 깨끗하게 씻고 각자 청소구역으로 가렴!"

양산 선생님은 아무렇지도 않은 듯이 조용히 다가와 3반 아이들만 데리고 교실로 들어가버렸다. 연습이 끝나고 운동장에 고스란히 남아 있는 물품들에 대한 뒷정리 역시 남은 두 반의 몫이었다. 운동장을 모두 정리하고 교사연구실로 들어오는 두 선생님의 얼굴이 벌겋게 익어 있었다. 선생님들은 잠시 쉴 틈도 없이 아이들을 인솔하여 급식실로 내려가야만 했다. 대조적으로 양산 선생님과 3반 아이들은 여유롭게 점심식사를 마치고 있었다. 이 모습에 부장선생님과 2반 선생님은 더 이상 할 말을 잃고 말았다.

동학년에서 지켜본 양산 선생님의 이런 천덕꾸러기 같은 행동들은 주기적으로 반복되었다. 평소 레이스가 달린 공주스타일의 옷을 즐겨 입으며, 그 패션과 어울릴 법한 말투와 고상한 행동들은 우아함의 극치를 넘어선 지 오래였다. 양산 선생님은 아직 결혼을 안 해서 그런지 집에 같이 사는 아빠 이야기를 자주 하며 막내티를 물씬 풍겼다. 그러나 아이들 앞에 서면 고상하거나 도도한 말투로 교사로서의 자기 삶을 늘 자랑하곤 했다. 심지어 아이들의 마음을 사로잡는 자아도취식 수업을 진행했으며, 선생님만의 수업스타일에 아이들이 한껏 매료되길 강요했다. 양산 선생님만이 추구하는 수업의 정도가 따로 있었으며, 자기 나름대로의 자신감이 넘쳐 늘 겉모습은 확신에 차 있었다. 이런 양산 선생님이 언제쯤 주변을 돌아보며 자기 성찰을 시작할지 오늘도 궁금해진다.

1부

교사의 강점이
최고의 수업을
만든다

〈트루먼 쇼〉, 에드 해리스, 크리스토프 역(출처: 네이버)

누구나 자기만의 기질을 가지고 태어난다. 쌍둥이라도 각자 성격이 다르고, 좋아하는 것과 싫어하는 것에 차이가 있다. 타고난 성격은 어린아이가 성장해가면서 맞닥뜨리는 수많은 선택의 기로에서 결정적인 역할을 한다. 이 중요한 선택을 방해하는 요소가 있는데, 바로 '주변환경'이다.

대부분의 아이들은 표준화교육을 실행하는 학교에 입학할 때 무척이나 큰 충격을 받는다. 다행히 인간은 적응 능력이 많아 상당수 아이들이 부모나 선생님의 강요가 시작될 때부터 본인 스스로 침착한 '모범생'이라는 탈을 쓰게 된다. 실제로 아이들의 학습성격을 조사해보면 많은 아이들이 모범생 기질을 보이는 것을 알 수 있다. 사실 이것은 아이들이 자신의 기질과 상관없이 우리 사회가 요구하는 모범생이라는 옷을 챙겨 입은 것일 뿐이다. 우리 사회를 표상하는 학교에서 아이들 스스로 살아남기 위해 몸부림치는 것이라고 볼 수 있다. 이에 대한 자세한 내용은 이미 ≪수업도시락, 성찰과 협력을 담다≫*에서 언급한 바 있다.

영화를 보면 그 사회가 요구하는 모범생을 만들기 위해 주변환경을 인위적으로 통제하는 인물들이 등장하곤 한다. 대표적으로 짐 캐리 주연의

〈트루먼 쇼〉에서 초거대 세트장 '씨헤븐'을 만들어 24시간 생방송 프로그램을 총지휘하는 연출자 크리스토프를 들 수 있다. 그런데 영화 속 크리스토프를 보면 자기 이익이나 명예만을 위해 트루먼 쇼를 제작하는 나쁜 사람같이 보이지 않는다. 오히려 호기심이 넘치고 자기 일뿐만 아니라 영화 속 입양아인 트루먼을 무척 사랑하는 사람처럼 보인다. 저자는 이 영화를 보는 내내 연출자 크리스토프의 모습이 교실이라는 작은 세트장에서 학부모가 요구하는 모범생을 길러내는 교사의 모습과 비슷하다고 느꼈다. 이 부분에서 이전에 담임교사로 아이들을 열정적으로 가르치던 내 모습이 떠오르는 건 참 아쉬운 대목이다.

특히 '트루먼 쇼'라는 생방송 프로그램을 진행하기 위해 트루먼이 방송국에 입양되고, 고용된 배우들에 의해 트루먼 주변의 모든 환경이 조작되는 모습은 씁쓸함을 넘어 분노를 일으키기도 한다. 더 놀라운 것은 그런 트루먼의 모습을 아무렇지도 않은 듯 생방송으로 지켜보고 즐기는 일반 시청자들의 모습이다. 그들은 마치 트루먼 한 명의 희생으로 전 세계 사람들이 행복을 누릴 수 있다면 그 희생은 정당화될 수 있다는 공리주의적 사고를 그대로 받아들이는 것 같다. 이런 생각은 마지막 트루먼 쇼가 끝나고 그렇게 열광했던 시청자들이 아무 일 없었다는 듯 또 다른 프로그램을 찾는 장면에서 더 굳어진다. 그렇다고 단순히 공리주의의 '최대다수의 최대행복'을 비판하자는 것은 아니다. 단지 입양아인 트루먼 같은 사회적 약자를 생방송 스튜디오에 가둬 놓고 그곳이 마치 유토피아인양 트루먼을 설득하는 장면이 아이러니하고 답답하게 느껴질 뿐이다.

트루먼 쇼를 보고도 불편함을 느끼지 않는 사람들이 점차 많아진다면, 학부모들은 자기 자녀에게 또 다른 씨헤븐을 만들어 제공할지도 모른다. 마치 크리스토프가 트루먼에게 씨헤븐이 세상에서 가장 안전한 곳이라고 말했던 것처럼 말이다. 그러나 잘 생각해보자. 수동적인 자세로 트루먼 쇼를 시청하는 수많은 대중들 덕분에 방송국의 경제적 이윤은 극대화되었을지 몰라도, 그 사이 트루먼 개인의 인권은 이미 짓밟히고 뭉개져버렸다. 내가 만일 연출자 크리스토프라면 경제적 이윤을 상징하는 씨헤븐을 포기하고, 사회적 약자인 트루먼의 인권을 우선할 수 있을지 심각하게 성찰해봐야 할 때다. 어쩌면 크리스토프의 말처럼 교육당국은 씨헤븐이라는 완벽한 학교제도를 만들어 놓고, 우리 아이들에게 이곳이 세상에서 가장 안전한 곳이라고 강요하고 있는지도 모른다.

그러면 이 시대의 크리스토프인 어른들은 씨헤븐이라는 학교에 입학한 우리 아이들을 어떻게 지도해야 할까? 이 문제에 접근하기 위해 필자는 씨헤븐에 초점을 두기보다 연출자 크리스토프에게 집중하려고 한다. 아이들의 긍정적인 변화는 씨헤븐이라는 화려한 스튜디오에 있는 것이 아니라 그 환경을 창의적으로 연출해내는 교사의 기획력과 실행력에 달려 있기 때문이다. 또 학교라는 씨헤븐에는 여러 가지 학습성격을 지닌 트루먼들이 존재하기 때문에, 교사의 수업성격유형에 따른 깊이 있는 성찰이 중요해졌다. 새로운 씨헤븐으로 불리는 학교에서 내 수업성격유형에 걸맞은 기획력을 함께 찾아보자.

지금부터는 우리 학교에서 새롭게 연출자 역할을 맡은 선생님들을 만나보려 한다. 그중 수업성격유형의 핵심기질을 강하게 내비치는 4명의 선생님들에 대한 이야기를 먼저 시작해보자.

★ 《수업도시락, 성찰과 협력을 담다》, 정민수 지음, 행복한 미래.

01

디오니소스를 닮은 탐험샘을 만나다

〈디오니소스〉, 귀도 레니의 그림(출처: 네이버)

　　탐험샘을 생각하면 그의 강렬한 눈빛이 먼저 떠오른다. 마치 포도 넝쿨 관을 쓰고 포도주를 마시고 있는 말썽꾸러기 디오니소스의 눈빛과 흡사하다. 디오니소스는 그리스 신화에 등장하는 술의 신으로, 제우스와 그의 연인 세멜레 사이에서 태어난 아들이다. 그리스 신화에 보면 제우스의 정실 헤라는 이 디오니소스를 미치광이로 만들고는 그가 살던 곳에서 쫓아냈다고 나온다. 그래서 그런 건지 아니면 술을 좋아하는 그의 성품 때문인지 디오니소스는 다소 위험한 신으로 그려지곤 한다. 이런 디오니소스를 표현한 화가 귀도 레니의 그림을 보면 말썽꾸러기 탐험샘의 어릴 적 모습이 잘 나타나 있다.

보통 학습성숙도 조사에서 탐험성향이 높게 나온 아이들은 학교에서 문제아로 찍히는 경향이 있다. 타고난 기질 때문인데, 디오니소스가 마신 쓴 포도주의 영향이라고 기억해도 좋을 것 같다. 탐험형 아이들은 학교생활을 할 때 매우 충동적인 성향을 보인다. 술에 취한 사람이 그렇듯이 매사가 대범하고 두려울 것이 없다. 그러니 수업시간에 산만한 아이들 중 대다수가 탐험형 아이들이라는 것도 쉽게 이해가 된다. 탐험형은 자신의 존재감을 대내외적으로 드러내는 데 일가견이 있다. 뿐만 아니라 다수의 앞에 섰을 때 거리낌 없이 도전하므로 때로는 좋은 성과를 얻기도 한다. 다른 유형의 아이들은 여러 가지 상황을 재느라 정신없는데 탐험형 아이들은 우선 손부터 들고 본다. 그렇다고 항상 성공하는 것은 아니므로 뛰어난 능력자로 인정받는 것도 아니다. 오히려 준비 없이 손을 들고 앞에 나섰다가 낭패를 보는 경우가 많아 강원도 사투리로 '허당'이라는 이야기를 자주 듣기도 한다. 차라리 그냥 허당이면 괜찮을 텐데 늘 나대는 행동성향 때문에 규범이 강한 학교에서는 대부분 문제아로 낙인찍히는 경우가 많다.

그러나 이런 문제아 허당이 선생님이 된다면 이야기는 좀 달라진다. 어릴 적 다른 사람들 앞에서 주저함 없이 웃긴 표정으로 자신의 존재감을 드러냈던 경험들은 열정적인 탐험샘을 만드는 데 소중한 자산이 된다. 미숙했던 어린 시절에는 괜스레 나섰다가 어른들에게 핀잔을 듣기 바빴지만 성인이 된 이후에는 군중을 사로잡는 힘을 갖게 된다. 특히 탐험형은 본인 스스로 모험과 체험을 통해 몸으로 익힌 산지식들이 넘쳐나기 때문에 미성숙한 아이들을 잘 인도하는 영웅의 모습을 갖추기도 한다. 그래서 늘 놀이와 경쟁식 수업을 선호하는 탐험형 아이들에게는 탐험샘이 최고다. 더욱이 탐험샘이 아이들에게 쏟아붓는 열정은 그 어느 누구도 따라올 수 없는데, 심지어 어떤 탐험샘은 '나의 모든 에너지를 지금 아이들에게 쏟고 죽자'는 각오가 보일 정도다. 그런 탐험샘의 에너지가 수업으로 연결되면 많은 사람들을 열광하게 만드는 디오니소스의 축제같이 판타스틱 어드벤처를 연출해내기도 한다. 어쩌면 그런 어드벤처가 가득 넘치는 탐험샘의 수업에 아이들이 푹 빠져드는 것은 당연한 일일 것이다.

이런 디오니소스를 닮은 탐험샘을 제대로 이해하려면 그의 기본욕구를 살펴봐야 한다. 탐험샘이 싫어하는 것 중 하나는 자신의 행동이 뭔가에 의해 구속받거나 제약받는 것이다. 특히 선생님으로서의 의무를 강요받는다거나 아이들의 미래를 준비하기 위해 현재를 희생하라고 하는 건 탐험샘의 방식과 맞지 않는다. 그렇다고 탐험샘의 삶에 연습이나 준비가 없는 것은 아니다. 오히려 탐험샘이 도달하려는 목표는 분명하며 그 목표를 향해 열정적으로 도전한다. 하지만 탐험샘은 그 목적을 위해 행동하는 것이 아니라 그 행동 자체에 목적이 있음을 이해해야 한다. 이는 탐험샘이 수업을 준비하는 패턴을 보면 쉽게 이해할 수 있다. 예를 들어 공개수업을 위한 사전준비가 필요하다고 하더라도 탐험샘은 아이들과 사전에 예행연습을 하지 않는다. 오히려 이전 차시 수업도 공개수업 못지않은 열정을 가지고 아이들에게 접근한다. 즉 탐험샘에게 있어 연습은 없다고 보면 된다. 단지 늘 순간의 충동을 따르는 탐험샘의 모습이 다른 사람의 눈으로 볼 때는 연습처럼 보일 뿐이다.

02

영혼이 자유로운 천성근 선생님

〈울학교 이티〉, 김수로,
영문고 체육교사 천성근 역(출처: 네이버)

　탐험형 선생님의 기본욕구는 자유와 자발성이다. 누군가 시켜서 하는 것을 싫어할 뿐만 아니라 자기 스스로 하고 싶은 일을 즐길 줄 아는 스타일이다. 그러니 탐험형 선생님의 수업시간은 매사 활기차며 긍정적인 아우라를 지속적으로 내뿜는다. 에너지가 충천하는 대부분의 아이들은 이런 탐험형 선생님을 무척이나 좋아한다. 특히 부모로부터 늘 계획적으로 생활하라고 잔소리를 듣는 아이들은 이런 탐험형 선생님을 통해 대리만족을 하기도 한다. 보통 행동 지수가 높은 아이들은 미래를 준비하는 일보다 현재 주어진 일에 충실하게 임하기 때문에 탐험형 선생님이 즐겁고 신나는 분위기만 조성해주면 매우 좋아한다. 또한 탐험형 선생님과 함께 지금 이 순간의 자유로움을 만끽하는 데 온 에너지를 쏟아낸다.

자유로운 영혼인 탐험형 선생님을 잘 표현한 영화가 있다. 바로 〈울학교 이티〉에서 김수로 씨가 연기한 영문고 천성근 선생님이다. 영화에서 체육과목을 맡은 천성근 선생님은 비가 오면 자습하고 해가 뜨면 공을 차며 그렇게 10년을 버텨왔다. 영화에서는 버스도 들어 올릴 만큼 초강력 힘을 가진 선생님으로 그려진다. 하지만 천성근 선생님은 아이들을 누구보다 사랑하는 진정한 교사다. 학교 수업을 마친 후에도 아이들을 지키고 보호하려는 열정이 대단해 아이들의 일거수일투족을 다 꿰차고 있을 정도다. 그런 천성근 선생님의 행복한 학교생활에도 위기가 다가온다. 치열한 입시경쟁에서 살아남으려는 영문고는 체육과목을 줄이고 영어과목을 신설하려고 한다. 천성근 선생님은 학교에서 쫓겨날 일생일대의 위기를 맞지만 10년 전 따놓은 영어교사자격증을 기억해낸다. 그래서 체육과목에서 영어과목으로 바뀌게 된 천성근 선생님은 잠자고 있던 잠재력을 다소 엉뚱하게 발견해가기 시작한다.

탐험형 선생님의 특징은 크게 2가지로 나누어 생각해볼 수 있다.

먼저 '활동성'이다. 탐험형은 천성근 선생님처럼 신체를 활발하게 움직여 목표를 쟁취하는 과정을 즐긴다. 늘 에너지가 넘치기 때문에 얌전히 있지 못하고 몸으로 직접 움직이는 편이다. 아이들이 가지고 있는 문제점도 수업 이후에 발로 직접 뛰어다니며 찾아내고, 휴일에는 실내보다 야외에서 활동하는 모습을 많이 볼 수 있다. 왜냐하면 탐험형 선생님은 야외에서 신체활동을 활발하게 할 때 충분한 휴식을 취했다고 생각하기 때문이다. 이렇게 몸으로 움직이는 코드가 탐험형 아이들과 잘 맞아떨어지기 때문에 학급에서도 활발한 아이들을 잘 다루는 편이다.

다음은 '적극성'이다. 영화에서도 천성근 선생님은 자신에게 갑자기 닥쳐온 위기에 적극적으로 대처하는 모습을 보인다. 평소에도 새로운 도전과 모험을 즐기는 성향이 있기 때문에 위기가 닥쳐와도 자신이 할 수만 있다면 적극적으로 극복하려고 한다. 탐험형 선생님의 이런 적극성은 대단한 집중력을 발휘하기도 한다. 다만 그 집중력이 짧다는 게 단점이다. 따라서 탐험형 선생님이 지속적으로 도전할 수 있는 유인책을 마련해주는 것이 중요하다. 분명한 건 탐험형 선생님은 짧은 시간이라도 집중할 수만 있으면 의외의 좋은 결과를 얻을 수 있다는 점이다. 그가 지닌 적극성이 높은 집중력을 발휘한 결과다.

탐험형 선생님은 수동적인 지지자보다 적극적인 행동대장이 되길 원한다. 어떤 그룹에서든 나서길 좋아하기 때문에 리더로 세워지길 꿈꾼다. 다만 미숙한 상태로 리더가 되었을 경우 그 자리 때문에 오히려 힘들어하기도 한다. 리더라는 자리가 자유로운 영혼으로 살아가는 탐험형 선생님의 삶을 방해하기 때문이다. 따라서 성숙한 리더가 되기 위해서는 지속적인 자기 훈련과정을 거쳐야 한다. 탐험형 선생님인 경우라면 특히 그렇다. 아이들을 올바른 길로 인도해야 할 선생님이라는 자리는 인내와 헌신이 요구되므로, 자신의 강점을 살리되 약점을 보완하는 전략을 세워야 한다. 활동성과 적극성을 지닌 탐험형 선생님의 가장 큰 장점은 현재를 충실히 즐기는 에너지에 있다. 그 에너지가 빛나려면 보완해야 할 점을 꾸준히 성찰하고 협력해야 한다.

위기를 조장하는 탐험샘의 수업도시락

탐험샘의 수업을 보면 그가 얼마나 탐험적인 행동을 열망하고 있는지 알 수 있다. 어느 탐험샘이 동료 선생님들과 학부모를 초청해 과학수업을 공개했다. 동료 선생님들은 과학수업의 특징을 알기에 치밀한 실험준비와 실습으로 아이들의 탐구능력을 향상시켜주길 기대했다. 이 사실을 탐험샘 역시 모르는 바는 아니다. 미숙했던 탐험샘의 어린 시절과 달리 교사가 된 지금은 최소한의 규칙을 어떻게 지켜나가야 하는지 정도는 그도 잘 알고 있다. 그가 과정안에 적은 수업주제는 '용액의 성질에 따른 지시약의 색 변화 알아보기'다. 그러나 탐험샘은 이미 예측된 결과는 탐구할 가치를 느끼지 못한다. 이런 생각은 공개수업에 임하는 탐험샘의 자세를 통해 여실히 드러난다. 교사로서 과정안 구성을 어떻게 전개해야 하는지 잘 알고 있지만 과정안은 과정안이고 그가 정한 수업의 방향은 따로 있다. 이미 정해진 절차에 의해 물 흐르듯 진행되는 수업은 그의 방식이 아니기 때문이다.

탐험샘은 직어도 어느 과학 선생님처럼 리트머스 종이의 색 변화를 '산파 빨 알빨파'로 가르치고 싶어 하지 않는다. 그래서 탐험샘은 과학교과 공개수업의 동기유발을 위해 마술쇼를 시작했다. 마술쇼가 그렇듯 둥그런 수조에 담아 놓은 페놀프탈레인 용액을 물이라고 속이는 그의 눈빛이 천연덕스럽다. 뿐만 아니라 마술쇼가 뭔가 잘못된 것 같다며 아이들에게 위기를 조장하는 모습 역시 영락없이 탐험형이다. 거기에 마술쇼를 다시 재개하겠다며 손을 자연스럽게 비눗물로 씻어 염기성으로 만드는 모습은 진짜 마술사같이 보이기도 한다. 그의 도전은 수업 전개 단계에서도 계속 이어졌다. 단순히 용액의 성질을 암기하기보다는 그 성질을 이용해 비밀단어를 쓰고 아이들과 열두 고개를 해보는 등 재미있는 게임식 수업이 전개되었다. 또 산성용액과 염기성용액을 발라서 말려 놓은 한지를 찢거나 오려서 카드에 붙이는 등의 체험식 수업까지 활발하게 이루어졌다.

탐험샘은 수업시간에도 아이들이 적절한 긴장감을 가지길 원한다. 적절한 긴장감은 아이들의 재미를 더해주고, 본인도 수업에 더 몰입할 수 있는 장치가 된다. 또 위기를 극복해나가는 과정을 통해 아이들과 보다 깊이 있는 소통을 하길 원한다. 실제로도 탐험샘은 위기가 닥쳐온 순간에 더 큰 능력을 발휘한다. 오히려 위험이 클수록 더 빠르면서 적극적으로 대응하는 경향을 보이기도 한다. 탐험샘에게 가능성과 긴박감이란 그가 가진 활동성과 적극성을 나타낼 절호의 기회이기 때문이다. 문제는 이런 기회가 탐험샘에게 주어지지 않았을 때 무척이나 지루해하고 힘들어한다는 점이다. 그래서 그는 수업시간에 적절한 위기를 조장한다. 탐험샘 본인이 진행하는 수업만큼은 어드벤처가 넘치길 바라는 것이다.

이런 탐험샘이 물불을 가리지 않고 추종하는 것이 하나 있다. 바로 도구다. 탐험샘은 눈에 보이지 않는 상징적인 것이나 영적인 것에는 별 관심을 두지 않는다. 그러나 눈에 보이는 도구라면 이야기가 다르다. 탐험샘이 과학을 좋아하는 경우가 그렇다. 탐험샘은 과학수업에 사용할 수 있는 도구에 꽂히면 무섭게 집중하는 경향이 있다. 특히 실험도구를 좋아하는 탐험샘이 과학의 달에 쏟아붓는 열정은 상상을 초월하기도 한다. 거기에 손재주까지 있어 도구 활용을 잘 한다면 예상치 못했던 좋은 결과를 얻기도 한다. 어느 탐험샘의 경우는 물로켓과 글라이더 조립에 몰입하여 일주일 이상의 수업을 이곳에만 올인하기도 한다. 그에게는 도구를 사용할 수 있는 현재가 천국이며, 그 천국으로 아이들을 이끌어가는 것이 그의 사명이라고 생각하기 때문이다.

그런데 이런 탐험샘도 위축될 때가 있다. 탐험샘과 함께 수업을 매개로 수업대화를 나누다 보면 동료 교사에게 지나치게 의존한다는 것을 알게 된다. 탐험샘은 대체로 그의 기질로 인해 자기만의 수업을 독립적으로 전개해 나가려는 성향이 강한 편인데도 말이다. 탐험샘은 자기 스스로 만족하는 수업을 진행하려고 노력하지만, 수업의 독립성이 떨어지면 탐험샘의 기질을 십분 발휘하지 못하게 된다. 이때 주변에 말이 통하는 동료 교사가 없다면 더 큰 상처를 안고 지내는 경우가 많다. 반대로 별다른 상처 없이 그저 담담하게 학교생활을 하고 있다면, 탐험샘 스스로 자포자기하고 학교의 전통과 관습에 순응하고 있는 건 아닌지 수업대화가 세밀하게 이루어져야 한다.

03
에피메테우스를 닮은
관리샘을 만나다

〈에피메테우스와 판도라〉, 엘 그레코의 조각상(출처: 네이버)

　자유로운 영혼인 탐험샘과는 달리 학교에서 가장 흔히 볼 수 있는 유형은 '관리샘'이다. 규범이 많은 학교에 자연스럽게 이런 유형이 몰려 있는데, 전통과 관습을 중시하는 코드가 관리샘과 잘 어울리기 때문일 것이다. 또한 교육과정에 의해 단계적으로 배움을 일으키는 일련의 학습과정 역시 늘 안정감을 추구하는 관리샘에게 더 없는 편안함을 제공한다. 심지어 관리 성향이 매우 높은 선생님의 경우에는 휴일에도 학습 분위기를 조성해 주길 원할 정도로 학교의 제반 여건과 그 기질이 잘 어울린다고 할 수 있다. 게다가 학교라는 이미지가 정해진 틀 안에서 공동체에 필요한 역량을 기르는 곳이라는 우리 사회의 인식이 관리샘이 학교조직에 충실하도록 만드는 원인이 되고 있다.

임상심리학자 데이비드 커시(David W. Kerisey*) 박사는 이렇게 의무를 중시하는 전통주의자 관리샘을 에피메테우스 기질에서 찾았다. 에피메테우스는 '나중에 생각하는 자'라는 뜻으로, 그리스 신화에 나오는 '먼저 생각하는 자'의 뜻을 가진 프로메테우스의 동생이자 판도라의 남편이다. 에피메테우스는 형 프로메테우스의 충고에도 불구하고 아버지 제우스가 보낸 아름다운 여성 판도라를 선물로 받는다. 권위적인 아버지가 제멋대로인 프로메테우스에게 내린 가혹한 형벌을 보고 겁을 먹은 것이다. 에피메테우스는 아버지 제우스를 통해 권위자를 대하는 처세의 지혜를, 그리고 호기심 많은 판도라를 통해 세상과 조화롭게 살아가는 방법을 알게 된다. 이후 판도라는 호기심을 참지 못하고 금단의 상자를 열어 에피메테우스를 괴롭게 하지만, 그는 끝까지 남편으로서의 의무와 책임을 다한다. 어쩌면 판도라가 열어버린 금단의 상자에 남아 있던 마지막 '희망'이 순종을 통한 자기 확신을 얻게 했는지도 모른다.

실제로 관리샘을 보면 마지막 '희망'을 부여잡은 에피메테우스의 모습과 상당히 비슷하다. 희망찬 미래를 위해 현재의 고통을 묵묵히 참아내고 있는 모습이다. 관리샘은 탐험샘과 달리 현재보다 미래를 중시하는 성향이 강하다. 아이들을 지도할 때도 관리샘은 더 나은 미래를 위해 현재의 삶에 충실하라고 가르친다. 요령을 피우기보다 주어진 환경에서 최선을 다한다면 미래에 더욱 풍성한 열매를 맺을 거라고 확신한다. 그 확신 때문에 때로는 아이들 앞에서 매우 차갑게 엄격함을 내세우기도 한다. 그 엄격함이 아이들을 사랑하는 관리샘만의 감정표현임에 주목해야 한다.

관리형은 미래를 충실히 준비할 수 있는 학교 같은 안정적인 조직을 좋아한다. 그들은 체계가 잘 갖추어진 조직 안에 있길 원하고, 또 그 안에서 자기만의 일을 찾아 묵묵히 역할을 수행한다. 관리샘 역시 매사 일처리가 단계적이기 때문에, 수업을 할 때도 사전에 충분히 준비하고, 본인이 세운 계획에 따라 움직이길 좋아한다. 문제는 철두철미한 꼼꼼함과 준비성이 가끔 지나친 걱정으로 표출될 때가 많다는 점이다. 다른 사람이 볼 때는 그렇게까지 걱정할 필요가 없어 보이는 데도 불구하고, 미래를 중시하는 관리샘에게는 걱정거리일 때가 많다. 그래서 그런지 관리샘이 실패를 겪을 때면 헤어 나오기까지 상당한 시간이 걸린다. 그때 관리샘에게 필요한 사람은 권위자다. 에피메테우스가 아버지 제우스에게 영향을 받은 것처럼 관리샘의 실패를 함께 분석해주고 도와줄 권위자가 곁에 있으면 많은 도움을 받을 수 있다. 물론 그 권위자는 관리샘이 인정하는 사람이어야만 한다.

★ 《성격을 읽는 심리학》, 데이비드 커시·메릴린 베이츠 지음, 정혜경 옮김, 행복한 마음.

04

기준이 높은 마여진 선생님

〈여왕의 교실〉, 고현정,
6학년 3반 담임 마여진 역(출처: MBC)

　관리샘의 학급경영을 보면 굉장히 엄격하고 꼼꼼하다. 관리형들은 그게 무엇이든 자기가 맡은 일의 기준을 높게 설정하고 완벽하게 처리하려는 경향이 있기 때문이다. 이런 기질은 관리형 스스로 소속된 집단에 무임승차하는 것을 매우 싫어하는 성격에서 기인한다. 관리형은 어딘가에 소속되려면 그 집단이 원하는 기대수준의 역할을 반드시 수행해야 한다고 생각한다. 또한 누군가에게 의존하려면 최소한의 의미 있는 노력을 해야 한다고 믿는다. 이런 믿음은 관리형이 선생님이 된 경우 더욱 확고해진다. 관리샘 자신이 평소에도 그렇게 살아왔기 때문에 아이들 앞에서 더욱 엄격한 모습을 보이는 것이다.

이런 관리샘을 대표적으로 잘 그려낸 드라마가 바로 〈여왕의 교실〉이다. 드라마에서는 고현정 씨가 6학년 3반 담임인 마여진 선생님 역할을 맡았다. 아이들을 향한 마여진 선생님의 교육 방식은 혹독할 정도로 억압적이고 독선적이다. 마여진 선생님은 자신이 쓰러지게 될 만큼 스스로를 혹사해 가며 아이들의 일거수일투족을 놓치지 않는다. 그러나 드라마 회차가 넘어갈수록 아이들은 그런 마여진 선생님의 본심이 미움이 아니라 사랑이었음을 알게 된다. 마여진 선생님은 온실 속의 여린 화초로 자라는 아이들을 강한 자생력을 지닌 주체적 인간으로 만들어주고 싶었던 것이다. 이는 관리샘의 일반적인 특징으로 마치 철을 제련하듯이 더 혹독하게 치고 또 쳐서 아이들을 더 강하게 단련시킨다.

관리샘이 아이들 앞에서 더욱 엄격한 모습을 보이는 데는 또 다른 이유가 있다. 바로 사회의 본질적 특성을 계층적 구조로 바라보는 관리형의 기질 때문이다. 이는 학교 같은 안정적인 조직에서 더욱 심화된다. 즉 어른과 아이로 권위가 명확하게 구분되는 조직인 경우 관리형은 반드시 상하계급을 엄격하게 지켜야 한다고 생각한다. 이런 것들이 아이들에게는 권위적으로 보일 수 있지만 사실 속마음은 조직의 안정을 우선하고 있음을 알아야 한다. 아이들에게 엄격함을 내세우는 이유 역시 각 아이와의 관계에 집중하기보다 전체의 질서 확립이 우선이라고 생각하기 때문이다. 또한 아이들을 조율하고 설득하는 관리샘의 논리 역시 '조화와 관계'가 아니라 '조직의 질서와 규칙' 쪽으로 무게중심이 기울어져 있다.

그러다 보니 아이들은 관리샘의 엄격함을 대부분 차가움으로 느낄 때가 많다. 학교에서 관리샘의 이런 차가움을 쉽게 접할 수 있는 곳이 바로 급식실로 내려가는 복도나 계단이다. 관리샘은 보통 자기 학급 아이들을 인솔할 때 반듯하게 줄을 세워 다녀야 안정감을 느낀다. 탐험형 아이들이 줄을 이탈하면 어김없이 관리샘에게 한 소리를 듣게 된다. 이때 아이들을 째려보는 관리샘의 눈빛을 본다면 아마도 오뉴월의 서릿발이 무엇인지 알게 될 것이다. 이런 모습은 관리샘이 눈에 보이지 않는 또 다른 권위자나 다른 선생님들을 늘 의식하는 기질을 가지고 있기 때문이기도 하다. 그러니 현재 미숙한 아이들의 돌발행동이 관리샘 입장에서는 이해가 안 될 뿐더러 용납할 수도 없는 것이다.

관리샘의 이런 꼼꼼한 기질은 자신이 알고 있는 것을 반듯하게 규정하려는 모습을 통해 명확해진다. 관리샘은 본인 스스로 추상적이고 불투명한 것을 낯설어 하며, 그런 것들을 접하면 투명하고 또렷하게 정리하려는 성향이 강하다. 예를 들면 관리샘은 수업시간이 끝날 무렵에는 오늘 학습한 내용을 일목요연하게 정리해주곤 한다. 아이들 역시 관리샘이 밟아온 단계를 거쳐 지식과 지혜의 지평을 조금씩 넓혀 나가길 원한다. 이러한 관리샘의 수업방식은 당연히 강의식 수업이 될 확률이 높다. 실제로 상당수의 관리샘이 수업준비를 매우 철두철미하게 하는 편이며, 그 수업계획에 따라 차분히 수업을 진행하는 모습을 볼 수 있다. 관리샘의 공개수업에 참관하면 준비된 프레젠테이션을 쉽게 접할 수 있다. 프레젠테이션을 한 장씩 넘기며 정해신 단계를 밟아가는 것이 관리샘 입장에서 편안하기 때문이다.

전통과 관습을 중시하는 학교에 가장 잘 어울리는 관리샘을 아이들 모두가 좋아하는 것은 아니다. 엄격한 관리샘일수록 겉보기에 흐트러짐 없는 반듯한 학급경영을 소화해 내지만, 그 엄격함에 짓눌려 기를 펴지 못하는 아이들이 교실에 있음을 기억해야 한다. 탐험형 아이들의 경우 저학년 시기에는 관리샘의 권위에 수긍하고 따르지만, 고학년이 될수록 오히려 그 엄격함에 반기를 드는 경우가 종종 발생한다. 상당수의 선생님들이 겨우 한 학년 진급한 것뿐인데 아이들의 태도가 완전히 바뀌었다고 말하는 이유도 여기에서 찾을 수 있다. 그러니 성장기 아이들의 신체적 변화와 더불어 심리적 변화를 세밀하게 살펴서 따뜻하게 상담해야 할 필요가 있는 것이다.

인재를 양성하는 관리샘의 수업도시락

관리샘의 수업을 보면 그녀가 맡은 아이들을 얼마나 세밀하게 훈련시키고 있는지 알 수 있다. 관리샘은 아이들이 이 세상에서 쓸모 있는 인간이 되길 간절히 원한다. 어느 관리샘이 국어수업 컨설팅을 요청해서 수업계획을 함께 세워보기로 하였다. 그녀는 아이들과 낱말의 뜻을 찾아보고 올바른 문장을 만드는 활동을 구상하고 있었다. 단원의 목적은 낱말의 뜻을 짐작하며 글을 읽고, 매체를 활용하여 글에 대한 의견을 나누며 소통하는 데 있다. 수업을 준비하는 관리샘은 매우 치밀했고, 수업계획에도 한 치의 흐트러짐이 없었다. 다만 자신이 계획하고 있는 수업의 방향이 맞는지 확인받고 싶어 하는 눈치였다. 우리는 여러 가지 이야기를 나눈 끝에 낱말의 뜻을 파악하기 위해서는 앞뒤 문맥을 활용하여 짐작하거나 뜻이 비슷한 낱말 또는 반대되는 낱말로 바꾸어 짐작하도록 아이들을 지도해야겠다는 생각을 공유하고 헤어졌다.

다음날 우리는 수업계획을 조금 더 구체화하기 위해 다시 수업컨설팅 테이블에 앉았다. 놀랍게도 관리샘은 수업의 전체적인 윤곽을 정해왔을 뿐만 아니라 이미 수업의 진행 흐름에 맞는 프레젠테이션까지 완벽하게 만들어왔다. 관리샘의 특징이 그렇기도 하지만 미래에 대한 불확실성을 현재의 노력으로 대비하고 준비하는 과정이 철두철미하다. 다만 미리 준비한 프레젠테이션의 양이 한 차시 수업분량으로는 다소 많아 보였다. 자칫 수업의 흐름이 프레젠테이션 진행에 휩쓸릴 확률이 높아보였지만, 관리샘은 보다 완벽한 수업을 진행하려면 최소한 그 정도의 분량이 필요하다고 말했다. 거기다 프레젠테이션 진행을 위한 보조 자료까지 더 만들어야 한다며 불안해했다.

더 나은 미래를 위해 대비하고 준비하는 건 관리샘을 따라갈 사람이 없을 것이다. 심지어 수업을 준비하는 열심이 지나쳐 불안함을 넘어 걱정으로 번지는 경우도 많다. 주변에서 볼 때는 그렇게까지 걱정할 일이 아닌데 관리샘 입장은 다르다. 좋은 과실을 맺기 위한 최소한의 몸부림으로 볼 수 있다. 이렇게 관리샘의 몸부림이 있을 때 수업대화를 나누어보면 관리샘이 얼마나 노력하며 준비하고 있는지를 알 수 있다. 관리샘은 자신의 힘으로 해결하기 어려운 경우 주변 동료 교사들에게 찾아가 적극적으로 도움을 요청하기도 한다. 또 자신이 알고 있는 최대한의 지식을 동원해 미래에 전개될 불안한 상황을 철두철미하게 준비하는 모습을 보이기도 한다.

하지만 주변 동료 교사의 말에 의존하는 경향이 짙어지면 독립적인 수업활동이 위축될 수 있다는 사실을 기억해야 한다. 물론 이 경우 관리샘을 도와주는 동료 교사가 지혜롭게 이끌어준다면 관리샘의 수업독립성은 다시 회복될 것이다. 가급적 관리샘 스스로 독립적인 수업활동을 전개하도록 지원해줄 필요가 있다. 관리샘의 독립적인 수업활동과 더불어 수업의 방향을 바르게 정하도록 지원해야 한다. 관리샘은 특히 수업에서 생길 수 있는 현실적인 문제를 동료 교사들에 비해 더 많이 고려한다. 성공적인 수업경험이 부족한 관리샘의 경우 수업을 전개할 때 타인의 시선을 상당히 의식한다는 점을 고려하고, 보여주기식 수업으로 흐르지 않도록 하는 세밀한 수업대화가 필요하다.

비록 관리샘의 수업성숙도가 불안한 모습을 보인다고 하더라도 인재양성을 위한 관리샘의 노력은 높이 평가해주어야 한다. 관리샘 스스로 보다 나은 방향으로 성장하기 위한 도전을 계속하고 있기 때문이다. 더군다나 관리샘이 맡은 아이들만큼은 학교는 물론이고 사회에서 제 역할을 할 수 있도록 열정적으로 가르치는 경향이 강하다. 만약 관리샘이 지닌 수업능력에 비해 수업에 철두철미함을 발휘하지 못하고 있다면 문제가 무엇인지 점검해볼 필요가 있다. 예를 들어 수업의 명료성은 관리샘이 보이는 특징 중 하나로 신중하고 꼼꼼하게 정리정돈을 잘하는 기질을 나타낸다. 만일 보다 안정적인 관리샘이라면 자신의 강점을 살려 아이들에게 수업의 내용을 명확하게 제시해줄 것이다. 그러나 수업의 흐름이 명확하지 못하다면 현재 관리샘의 기질이 지니는 강점을 발현하지 못하고 있는 이유가 무엇인지를 파악하기 위해 충분한 수업대화를 나눠야 한다. 관리샘이 극도의 수업상처를 받는 경우는 대부분 주변 여건이나 대인관계에 문제가 생겼을 때다. 예를 들어 관리샘 스스로 단계를 밟아 안정적으로 진행하고 있는데, 이를 이해하지 못하고 다그치는 권위자 때문에 부정적인 영향을 받는 경우가 있다. 또는 관리샘의 작은 실수가 있을 때 이를 용납하지 못하는 학교 내 전통과 관습이 문제가 될 때도 있다. 이런 반응을 보이는 관리샘인 경우라면 더더욱 세밀한 수업상담이 이루어져야 할 것이다.

05
프로메테우스를 닮은
분석샘을 만나다

〈프로메테우스〉, 얀 코시에의 유채화(출처: 네이버)

  학교의 전통과 관습에 잘 순응하는 관리샘과 달리 능력에 대한 욕망으로 똘똘 뭉친 분석샘은 학교에 그리 많지 않다. 더군다나 기질적으로 내성적인 분석샘은 학교에 극히 드물다. 또한 탐험샘과 관리샘이 학교에서 하는 역할에 비해 분석샘의 존재감은 잘 드러나지 않는 편이다. 분석샘은 주변 동료 교사들이 자신과 전혀 다른 기질의 소유자라는 사실을 쉽게 감지

한다. 학창시절에도 친구들과 자신이 뭔가 다른 기질을 가지고 있다는 것을 쉽게 알아챌 정도다. 분석형의 희소성 때문에 분석샘의 기질이 독특해 보일 때가 많다. 엄밀히 말하자면 독특한 것이 아니라 분석샘만의 기질이 있다고 봐야 하지만, 학교에 꽤 많이 포진되어 있는 관리샘들의 기준으로 보면 독특해 보일 수 있다.

다른 유형들과는 전혀 다른 환경에서 살아가는 분석샘의 독특함은 때론 황소고집으로 보일 때가 있다. 그렇지 않아도 다른 유형들이 분석샘을 이해하기 어려운데 거기에 일까지 고집스럽게 처리하려는 성향이 한몫한다. 이런 분석샘의 고집스러움은 그리스 신화에 나오는 '먼저 생각하는 자'라는 뜻을 가진 프로메테우스를 떠올려보면 쉽게 이해할 수 있을 것이다. 어떤 피조물보다 인간을 사랑한 프로메테우스는 인간에게 금지된 불을 훔쳐다 주기로 결심한다. 제우스는 불이 인간의 손에 넘어가면 위험한 상황이 초래되리라 염려했지만, 프로메테우스는 제우스의 명령을 무시하고 속이 빈 회향나무에 불을 숨겨 인간에게 건네준다. 이 일로 제우스는 자신이 내린 금기를 어긴 그를 가혹하게 처벌한다. 프로메테우스를 쇠사슬로 묶어 놓고 자신의 독수리를 보내 그의 간을 파먹게 한 것이다. 심지어 하루 종일 파 먹힌 간은 밤새 다시 돋아나 이튿날 또다시 독수리의 먹이가 되도록 하였다.

여기까지만 보면 제우스가 프로메테우스를 굴복시킨 것처럼 보이지만 실상은 아니다. 앞을 내다볼 수 있는 능력을 가지고 있는 프로메테우스는 제우스가 테티스와의 사이에서 낳은 자식이 제우스보다 강해져 그의 권좌를 빼앗게 되리라는 사실을 알고 있었기 때문이다. 미래를 보았던 프로메테우스는 이를 발설하지 않은 채 입을 꾹 다물고 있었다. 몸은 속박과

고통 속에서 괴로워했지만 제우스의 파멸에 대한 비밀을 알고 있었기 때문에 마음은 자유로웠다. 언뜻 보면 잘 이해가 안 될 수도 있지만, 이런 속성이 바로 금기를 위반하면서까지 지식을 추구하는 프로메테우스의 지적 탐구에 대한 욕망임을 알 수 있다. 이런 프로메테우스의 지적 욕망이 분석형으로 이어져 더 나은 인간이 되고자 하는 지적 상승 욕구가 강한지도 모르겠다.

그러나 프로메테우스의 교훈에서 알 수 있듯이 자기 향상 욕구는 아버지 제우스의 권위를 무시할 정도의 오만함으로 치달을 수 있음을 기억해야 한다. 미래를 예견하고 동시대보다 앞선 생각을 하는 사람들은, 기존의 사고방식을 이어가려는 관리형들에게 오히려 고통을 당하기도 한다. 그럼에도 불구하고 프로메테우스와 제우스의 화해에서 알 수 있듯이 금기를 위반한 지식 추구활동은 결국 용서받게 된다. 그가 지탄받은 것은 미래에 대한 생각 때문이었지만 시간은 언제나 미래를 향해 흐르기 때문에 분석샘의 생각은 결국 용서받게 된다. 아이러니하게도 분석샘은 미래에 대한 예견 능력 때문에 현재를 고집스럽게 밀어붙인다. 이런 분석샘이 추구하는 능력을 다른 말로 표현하면 '힘(Power)'이라고 할 수 있을 것이다. 데이비드 커시(David W. Kerisey) 박사는 분석샘이 추구하는 이 힘을 '자연을 다스리는 힘'이라고 말한다. 분석샘의 힘은 탐험형이 쫓아가는 사람을 다스리는 힘과는 차원이 다르다. 즉 분석샘은 자연의 실체를 이해하고 통제하며 예측하고 설명하는 능력에 목숨을 걸고 산다. 따라서 우리 주변의 분석샘들이 그 힘을 프로메테우스처럼 너무 고지식하게 사용하지 않도록 지혜롭게 협력할 필요가 있다.

06

카르페 디엠을 가르친 키팅 선생님

〈죽은 시인의 사회〉, 로빈 윌리엄스,
키팅 선생님 역(출처: 네이버)

　미래를 예견하는 능력 때문일까? 분석샘의 현재 모습은 뭔가에 강하게 이끌려 살아가는 것같이 보인다. 어쩌면 분석샘이 생각하고 있는 그 무인가에 몰입하나 보니 다른 이들이 미처 보지 못하고 간과해버린 것들을 더 많이 볼 수 있는지도 모른다. 사실 분석샘의 시야는 탐험샘의 그것보다 그리 넓지 못하다. 탐험샘이 세상의 모든 것을 체험거리로 여기고 여기 저기 바쁘게 돌아다니는 것에 비하면, 분석샘은 아주 사소한 것에 몰입하고 있을 때가 많다. 그 사소한 것들이 오히려 더 큰 세상으로 나아가는 통로가 되기 때문이다. 분석샘의 시야는 경주마가 눈가리개를 착용한 것처럼 자신의 몰입 지점에 고정되어 있을 때가 많다. 경주마의 눈가리개는 양옆에서 달리는 다른 말들이나 주변 관중들 등 눈에 보이는 여러 대상에 대한 공포감을 감소시켜 경주마의 역량을 발휘하도록 만들어준다. 분석샘이 관심을 가진 몰입 지점에 강한 집중력을 발휘할 수 있는 것 역시 경주마의 눈가리개 현상이라고 이해하면 좋을 것 같다.

이런 분석샘을 잘 그려낸 영화가 바로 〈죽은 시인의 사회〉다. 영화에서는 고인이 된 로빈 윌리엄스가 키팅 선생님 역할을 맡았다. 키팅 선생님은 전통을 중시하는 명문 사립 고등학교에 새로 부임해 파격적인 수업방식으로 학생들의 관심을 끈다. 그가 첫 수업에서 남긴 라틴어 '카르페 디엠'은 아이들의 마음을 단숨에 사로잡았고 '현재를 즐기라'는 깊은 인상을 아이들의 가슴에 새기기에 충분했다. 특히 키팅 선생님이 학교 벽에 전시된 졸업생들 사진 앞에 학생들을 줄 세우고 유심히 들여다보게 하는 장면은 마치 분석샘이 자신이 보았던 통찰의 세계로 아이들을 이끌어가는 것만 같다. 또한 '죽은 사람들'의 입을 빌려 현재를 즐기고 독특한 삶을 살라고 가르치는 장면 역시 분석샘만의 몰입능력을 잘 묘사해주는 것 같다. 결정적으로 키팅 선생님 본인은 물론 아이들을 한 명씩 책상 위에 올라오게 하면서 우리가 간과했던 세상을 또 다른 시각으로 보게 하는 장면 역시 분석샘의 독특한 수업세계를 말해준다.

분석샘의 이런 독특함은 자신이 걸어온 논리적인 지적 세계의 길을 아이들에게도 보여주고 싶다는 욕망에서 시작된다. 분석샘 스스로 지적탐구의 끊임없는 노력으로 얻은 열매들을, 동일한 과정을 거친다면 아이들도 성취할 수 있다고 믿는 것이다. 어린 시절의 분석샘은 고집스럽거나 오만하게 보였을 것이다. 그러나 분석형이 현숙한 선생님이 된 이후에는 그 고집스러움과 오만함이 아이들의 호기심을 자극하고 지적인 도전을 갈망하게 만드는 원동력이 된다. 다만 분석샘의 이런 교실실험의 도가 지나칠 경우 전통과 관습을 중시하는 학교의 일반적인 교육문화와 정면충돌할 수 있으므로 적절한 수위 조절이 필요하다는 것을 기억해야 한다.

이런 분석샘은 자신의 능력을 키우기 위해 끊임없이 도전하고 노력한다. 마치 부지런하고 성실한 개미처럼 늘 지식과 기술을 쌓기 위해 최선을 다한다. 분석샘은 어느 정도 능력을 갖추었다고 그냥 자유롭게 즐기는 모습을 보이지 않는다. 예를 들어 휴가를 가더라도 탐험형은 그곳에서 자유를 만끽하느라 바쁘지만 분석샘은 그곳에서도 여전히 지적도전을 하느라 바쁘다. 그렇게 쉼 없이 노력하는 분석샘이 한심해 보일 수도 있지만, 분석샘은 끊임없이 원리들을 연관시켜 재구성하고 응용하는 것 자체를 즐긴다. 즉 분섬샘의 일상이 곧 일이면서 동시에 쉼인 것이다.

그러니 키팅 선생님의 카르페 디엠처럼 분석샘이 보는 세상은 온통 연구거리자 즐길 거리다. 왜냐하면 탐험형은 자유롭게 살기 위해 자신의 능력을 수단으로 활용하지만 분석형은 그 능력 자체가 목적이기 때문이다. 분석샘이 현재 뭔가 열심히 하고 있다면 그가 정복해야 할 또 다른 이론이나 기술이 등장한 것이다. 엄밀히 말하자면 분석샘은 미래가 중요하기 때문에 현재를 열심히 즐기라고 주장한나고 할 수 있다. 카르페 디엠처럼 현재를 열심히 즐겨야 미래에 누구나 갖고 싶어 하는 멋진 능력을 소유할 수 있기 때문이다. 이런 분석형의 기질을 이해한다면 분석샘이 현재 아이들과 함께 하는 지적인 도전 활동을 얼마나 깊이 있게 전개해 나갈지 짐작이 갈 것이다.

피리 부는 사나이, 분석샘의 수업도시락

　분석샘의 수업을 보면 마치 피리 부는 사나이처럼 아이들을 또 다른 세계로 인도해가는 것 같다. 아이들은 분석샘이 들려주는 이야기에 쏙 빠져들어가 쉽사리 헤어나지 못한다. 그의 수업은 교과서 밖에서 시작될 때가 많으며, 그가 사용하는 교육자료들은 모두 아이들의 호기심과 탐구의 대상이 되곤 한다. 그도 그럴 것이 분석샘이 사용하는 교육 소재의 대부분은 아이들의 입에서부터 시작된 경우가 많다. 다른 이들 같으면 그냥 스쳐 지나갈 것들도 분석샘의 레이다 망에 들어오면 모두 아이들과 소통할 수 있는 소중한 교육 아이템으로 탈바꿈된다.

　어느 분석샘이 수업을 하기 위해 아이들 앞에 섰다. 그가 오늘 준비해 온 교육자료는 강아지 영상이다. 어느 방송프로그램에 나오는 유명한 영상이 아니라 분석샘이 일상생활에서 찍어 놓은 스마트폰 영상이다. 분석샘이 어느 날 우연히 길 잃은 강아지 한 마리를 도와주게 되었다며 수업을 시작하자 아이들의 눈빛이 금세 부러움과 호기심으로 변해가는 것을 목격할 수 있다. 분석샘은 그런 아이들의 눈빛을 한 그릇에 담기라도 하듯 아이들을 교실 앞으로 끌어모아 옹기종기 모여 영상을 시청하였다. 누가 지나가다 보면 저게 무슨 수업이야 하겠지만 아이들을 수업에 끌어들이는 모습은 마치 피리 부는 사나이처럼 무척이나 매혹적이다.

아이들이 그런 분석샘의 수업에 열광하는 이유는 또 하나 있다. 분석샘 스스로 본인의 수업에 몰입할 뿐만 아니라 호기심 가득한 눈빛으로 아이들 앞에 서 있기 때문이다. 이런 분석샘에게 수업을 듣는 아이들의 눈빛이 호기심으로 살아나는 건 당연한 일인지도 모른다. 분석샘의 수업은 아이들의 시선을 한 곳에 모으는 것으로 그치지 않는다. 그가 길 잃은 강아지를 돌보며 고민했던 생각들을 아이들과 함께 공유하며 교실 아이들의 생각을 하나로 모아간다. 그 생각은 곧 길 잃은 강아지에 대한 애착으로 바뀌게 된다. 아이들은 다시 옹기종기 모여서 어떻게 하면 길 잃은 강아지가 행복한 생활을 할 수 있을지 고민하기 시작하고, 이런 고민은 아이들이 이번 시간에 함께 해결해야 할 미션이 된다.

분석샘의 수업은 한 마디로 아이들과 함께 만드는 멋진 예술 작품 같다. 아이들에게는 단순히 길 잃은 강아지 영상을 보여줬을 뿐인데 수업은 강아지에게 어울리는 이름 짓기 활동부터 동물학대 예방 프로젝트까지 의미 있는 미션으로 발전하기 시작한다. 어떤 아이들은 집에서 사용하던 물건들을 가져와 강아지에게 준다고 하고, 어떤 아이들은 애완동물에 대한 편견을 없애기 위한 캠페인을 준비하자고 건의한다. 분석샘은 이런 아이들의 바람을 잘 버무리고 섞어서 맛있는 비빔밥 같은 수업을 전개한다.

수업에 대한 분석샘의 자신감은 지식에 대한 그의 고집스러움에서 기인할 때가 많다. 아무리 높은 권위자가 와서 이야기해도 그 지적인 산출물을 다시 한 번 따져봐야 한다는 분석샘만의 고집스러움은 수업의 독창성으로 이어지기도 한다. 이런 분석샘의 독창성이 상처를 받을 때가 있는데, 바로 수업몰입성이 무너질 때다. '수업몰입성'이란 지적인 도전을 자유롭게 즐기고 목표도달을 위해 끊임없이 집중하는 힘이다. 즉 수업몰입성은 분석샘이 아이들 앞에 서 있을 수 있는 정체성인 셈이다. 보통 분석샘은 수업몰입성의 에너지를 발휘하여 아이들을 자유와 희망이 넘치는 네버랜드로 인도해간다. 만일 분석샘의 수업에서 이런 몰입성이 보이지 않는다면 학교의 제반 규칙과 질서 등에 억눌린 상황은 아닌지 깊이 있는 수업대화를 나누어봐야 한다. 수업몰입성보다 수업의 명료성을 더 요구하는 학교의 분위기나 학부모의 요구로 인해 수업상처를 받고 있는 것은 아닌지 성찰해야 할 것이다.

07

아폴론을 닮은 외교샘을 만나다

〈아폴론과 다프네〉, 지안 로렌초 베르니니(출처: 네이버)

학교에서 만나는 외교샘들은 가슴이 따뜻한 선생님으로 느껴질 때가 많다. 그들은 사람을 사귈 때 계산적이기보다 상호관계 자체에 집중한다. 사람 사이에 부딪힐 수 있는 모든 일에 매우 민감하게 반응하기 때문이다. 다른 사람들은 그저 쉽게 지나칠 일도 외교샘 입장에서는 특별한 사건이 되어 의미가 부여되곤 한다. 그러다 보니 자연스럽게 대인관계에서 불거지는 문제들로 인해 깊은 상처를 받는다. 만약 외교샘이 지금 앓아누워 있다면 혹시 마음의 상처를 받아서 그런 건 아닌지 살펴봐야 한다. 그만큼 외교샘에게는 사람과의 만남 하나하나가 깊은 의미가 있다고 할 수 있다. 다른 사람이 볼 때는 지루해 보일지 모르지만 외교샘에게는 세상의 모든 사건이 드라마로 변하기 때문이다.

외교샘은 보통 '어떻게 하면 진정한 교사가 될 수 있을까?'라고 스스로 자문하곤 한다. 교사로서 진정한 자아를 만나고 싶은 욕망이 저 깊은 곳에서부터 올라온다. 외교샘의 고뇌는 학급 담임교사가 되어 아이들과의 상호작용이 커지면 커질수록 더욱 심화된다. 관계를 조명하는 외교샘의 기질은 그리스 신화에 나오는 아폴론을 떠올려보면 쉽게 이해할 수 있을 것이다. 그리스 신화의 아폴론은 빛과 태양, 이성과 예언, 의술과 궁술 그리고 시와 음악 등을 주관하는 신으로 그려진다. 겉으로 보기에 남성미 넘치는 완벽한 용모와 다방면의 재능을 지닌 그에게도 약점이 있으니, 바로 사랑이다. 대표적인 예로 아폴론과 다프네의 빗나간 사랑 이야기를 들 수 있다.

이야기는 이렇게 시작된다. 궁술에 능한 아폴론이 어느 날 활을 메고 숲을 거닐다가 어린 에로스의 자존심을 건들게 된다. 그로 인해 에로스는 아폴론의 가슴에 사랑의 열병에 빠지는 황금화살을 쏘았고, 마침 곁에 있던 요정 다프네에게는 미움을 낳는 납화살을 날렸다. 미움의 덫에 걸린 다프네는 사랑의 열병에 빠진 아폴론으로부터 무조건 도망가기 시작했다. 그러다 결국 다프네는 아폴론에게 잡히기 직전 하늘에 소원을 빌어 자신의 몸을 월계수 나무로 변신시킨다. 아폴론은 나무로 변한 다프네를 부둥켜안고 통곡하며 월계수 잎사귀로 승리자의 머리를 장식하겠노라고 다짐

한다. 어쩌면 사랑의 결실을 맺지 못한 아폴론이 다프네의 월계수 교훈으로 인해 나무 한 그루, 풀 한 포기까지도 세심하게 살펴보는 정겨운 눈빛과 따스한 손길을 얻게 되었는지도 모른다.

그런 눈빛과 손길은 외교샘이 진정한 교사가 되는 밑거름이 되어준다. 진정한 교사로 생활하고 싶은 외교샘은 교실에서 아이들에게 필요한 사상이나 태도를 가르치는 일을 좋아한다. 만일 아이들 앞에서 특정 캐릭터가 되어 담임 선생님으로서의 역할을 해야 한다면 외교샘은 교실 안에서든 밖에서든 맡은 역할을 충실하게 소화해낸다. 외교샘은 평소에도 공감하는 능력과 감정이입 능력이 탁월하기 때문에 아이들 앞에서 멋지게 역할수행을 잘 해낸다. 심지어 동료 선생님들이 외교샘의 본 모습과 겉모습을 다르게 볼 때면 오히려 그 상황을 즐길 정도다. 다만 가끔 아이들의 열망을 충족시키느라 새로운 캐릭터 역할을 하면서 정체성에 상처를 받곤 한다. 이런 경우 우리 주변의 외교샘들이 자기만의 멋진 드라마를 잘 연출할 수 있도록 세밀한 성찰과 협력을 해야 한다.

08

최고의 마법을 선사한 사하이 선생님

〈블랙〉, 아미타브 밧찬, 데브라이 사하이 역(출처: 네이버)

　　인간을 사회적 동물이라고 부르는 이유가 있다. 인생을 결정짓는 수많은 요인들 중 우리가 만나는 사람들과의 관계와 그 관계 속에서의 신뢰와 사랑이 많은 비중을 차지하고 있기 때문이다. 그런 관계에 더욱 예민하게 반응하는 유형이 바로 외교형이다. 특히 외교형이 선생님이 된 경우 아이들과 눈높이를 맞추는 관계 형성에 탁월하다. 외교샘은 아이들에게 진심으로 의미 있는 교사가 되길 원한다. 특히 외교샘이 맡고 있는 교실 공간

속 아이들에게만큼은 더욱 친밀하면서도 특별한 관계를 형성하려고 노력한다. 교실은 아이들이 이루는 작은 사회공간이고, 그 속에서 함께 존재하는 외교형 선생님은 아이들에게 큰 바위 얼굴이길 원하는 경우가 많다.

이런 외교형 선생님을 잘 담아낸 영화가 있다. 영화 〈블랙〉에서는 보지도 듣지도 말하지도 못하는 미셸을 맡아 불가능을 가능으로 바꾼 사하이 선생님의 이야기가 그려진다. 사하이 선생님의 마법은 어린 동생을 던지고 부엌에 불을 내는 미셸에게 마법사가 필요하다고 말하는 미셸 아빠의 말에서부터 시작된다. 그러나 사하이 선생님은 엄밀히 말해 마법사가 아니라 꺼져가는 전구를 들고 "라이트!"를 연거푸 외치는 엉뚱한 가정교사일 뿐이다. 그런 사하이 선생님이 미셸을 사귀어 가는 방법이 참 인상적이다. 사하이 선생님은 전적으로 교사에게 신뢰를 보여야 한다며, 미셸과 가족들을 격리시키는가 하면 세상이 온통 블랙인 소녀와 소통하기 위해 끊임없이 말하는 법을 가르친다. 결국 사하이 선생님의 열정 어린 헌신으로 미셸의 세상에도 소통이라는 불이 들어오기 시작한다.

미셸에게 그런 최고의 마법을 선사한 사하이 선생님의 도전은 여기에서 그치지 않는다. 사하이 선생님은 미셸이 세상에 홀로 설 수 있도록 도와줘야 한다며 미셸을 대학에 입학시킨다. 미셸은 한 사람의 인생을 돕기 위해 자신의 전 인생을 바친 사하이 선생님의 헌신으로 결국 12년 만에 졸업의 영예를 얻게 된다. 미셸은 선생님이 가르쳐준 블랙에 대해 모든 졸업생들 앞에서 자신의 이야기를 펼친다. 그녀는 사하이 선생님이 자신에게 가르쳐준 블랙은 지혜이며 성취였고 빛으로 나가는 길이었다고 말한다. 미셸은 하나님에 대해서는 모두 블랙이었지만 사하이 선생님을 통해 그 하나님을 만질 수 있었으며, 졸업생이 입고 있는 졸업가운 역시 블랙이라고 말해 모든 이들로부터 박수갈채를 받는다.

영화는 아이러니하게도 그렇게 혼신의 힘을 다해 미셸을 가르쳤던 사하이 선생님이 알츠하이머에 빠져 있는 장면을 보여주며 막을 내린다. 어쩌면 사하이 선생님은 알츠하이머를 통해 미셸의 블랙에 온전히 동참했는지도 모른다. 사하이 선생님처럼 대부분의 외교샘들은 아이들의 인생에 따뜻하면서도 깊이 있고 의미 있는 존재가 된다. 뿐만 아니라 아이들 개개인의 잠재된 능력을 발굴해주고 그 능력을 키워주며 개발시키는 일에 자신의 인생을 바치는 경우가 많다. 그러나 누군가의 잠재능력 발현을 돕는일이 잘 되지 않거나 그러한 목적을 이루는 데 방해를 받는다면 매우 냉정하게 변할 수도 있음을 명심해야 한다.

특히 외교샘은 기질적으로 누군가에게 특정 사상이나 태도를 가르치는일을 좋아한다. 다만 사람을 상대하는 폭이, 탐험형에 비하면 좁고 깊어서교실의 전체 아이들을 대상으로 하는 일제 수업에 어려움을 겪는 경우가있다. 외교샘의 특성상 전체 아이들을 대상으로 접근하는 것보다 개별적으로 한 명 한 명의 아이에게 관심을 갖는 것이 편하기 때문이다. 만일 능숙한 외교샘이라면 자신이 맡고 있는 아이들의 개인별 특성을 파악해 일대일 만남을 지속적으로 이룰 것이다. 그리고 그런 특별한 만남을 통해 외교샘과 아이들 간의 소통방식을 만들며, 이는 다시 전체 아이들을 다루는데 소중한 밑거름으로 활용할 것이다. 그럼에도 불구하고 외교샘의 소통과정은 관리샘의 통제 방식에 비하면 시간이 많이 필요하다는 것을 기억해야 한다. 만일 외교샘에게 그 인내의 시간이 확보될 수 있다면 어느 교실보다 더 풍성한 상호작용이 교실 안에서 활발하게 이루어질 것이다.

가슴이 따뜻한 외교샘의 수업도시락

교사가 상상하는 교실과 아이들이 꿈꾸는 교실이 같다면 정말 행복하고 따뜻한 분위기가 연출될 것이다. 외교샘이 머릿속에 그리는 공간 역시 바로 그런 교실이다. 학생 개개인과의 긴밀한 만남을 통해 어느 누구 하나 소외되는 사람 없이 친밀감이 형성된 교실 공동체 말이다. 그런 교실 공동체의 선두에 서 있는 외교샘이라면 학급의 목표도달을 위해 자신감을 가지고 나아가는 모습을 엿볼 수 있다. 외교샘의 자신감은 아이들과의 상호작용에서 나오며, 그가 추구하는 수업은 풍성한 상상력을 통해 실현되곤 한다.

어느 날 한 외교샘이 조심스럽게 연락을 해왔다. 자신이 맡고 있는 아이들이 발표를 잘 하지 못해서 수업이 너무 조용하다며 수업코칭을 받고 싶다는 것이었다. 선생님의 목소리는 부드럽고 따뜻했지만 힘이 없어 걱정이 앞섰다. 게다가 외교샘이 근무하는 학교는 원도심 학교로 학생 수가 급감하고, 학교 주변의 유해환경에 노출된 아이들이 많은 편이었다. 또한 17명인 학급 아이들 모두가 조부모와 함께 생활하는 편부·편모 가정이라고 했다. 분명 아픔이 많은 아이들일 텐데 목소리가 여린 외교샘이 그런 아이들을 어떻게 감당하고 있을지 상상하기 어려웠다. 다행인 건 그 외교샘과 말을 나누면 나눌수록 학급 아이들 한 명 한 명을 진심으로 아끼고 사랑하는 마음이 느껴진다는 점이었다. 외교샘은 교실문제의 원인이 아이들보다 자신에게 있다고 말하며 겸손한 자세를 보였다.

드디어 외교샘의 수업공개가 있는 날에 학교를 찾아갔다. 교실에 들어서자 교실 가득 넘치는 포근함과 편안함을 느낄 수 있었다. 다만 외교샘의 말처럼 아이들 대부분이 발표에 서툴렀고 수업은 전체적으로 매우 조용했다. 외교샘의 고민이 바로 그 지점에 있었지만 그렇다고 수업에 방해가 될 정도는 아니었다. 외교샘은 사전에 나눈 수업협의대로 카톡상황극을 준비해 일상생활에서 사용되는 관용표현을 알아보는 것으로 수업의 문을 열었다. 인상적인 건 카톡상황극을 각색해 학급 아이들의 사진을 넣고 얼마 전 교실에서 일어났던 작은 사건을 소재로 삼았다는 점이었다. 카톡상황극에 등장하는 아이들은 자신의 사진을 보고 부끄러워했지만 외교샘의 의도대로 일상생활 속 관용표현을 알아보는 과정이 더 흥미롭게 전개되었다.

외교샘의 수업은 처음 우려했던 것과 달리 차분하면서도 의미 있는 활동으로 넘쳤다. 모둠별로 표현한 역할극 활동은 관용 표현을 사용할 때와 사용하지 않을 때를 구분하는 데 도움이 되었고, 관용 표현 말하기 게임은 수업시간에 학습한 지식을 실생활과 연결하여 익히는 데 유익했다. 더욱 좋았던 건 외교샘과 아이들 간의 상호작용이 지속적으로 이루어져 수업분위기가 시종일관 따스했다는 점이다. 이런 따스한 분위기를 외교샘은 약간 답답하다고 느꼈고, 아이들이 좀 더 활발하게 나서기를 원하고 있었다. 한 시간의 공개수업은 충분한 협의와 외교샘의 세밀한 준비로 인해 아이들의 움직임을 유도할 수 있었지만, 평소 수업에서는 아이들이 전체적으로 다소 가라

앉아 있다는 점도 문제였다.

　희한하게도 외교샘이 맡고 있는 아이들 대부분 역시 조용한 외교형 기질을 보였다. 그러다 보니 일반적인 고학년 교실과 달리 외교샘의 교실은 매우 차분했고, 이는 수업시간으로 이어져 발표나 수업참여에 매우 소극적인 모습을 보였던 것이다. 그래도 고무적인 건 외교샘 스스로 아이들 개개인의 특성을 아주 잘 파악하고 있었고, 가정환경의 특성상 아이들이 겪고 있는 아픔을 외교샘이 온몸으로 느끼고 있다는 점이었다. 사실 아이들에 대한 눈높이를 조금만 낮추면 오히려 아이들의 또 다른 장점을 볼 수 있는 기회가 된다. 외교샘은 수업코칭을 통해 아이들을 바라보는 시선의 관점을 바꿔봐야겠다고 생각했고, 자신의 기질과 많이 닮아 있는 학급 아이들을 어떻게 사귀어 나갈지 깊이 있게 성찰하는 계기가 되었다고 말했다.

2부

수업코칭을
시작하는
4가지 핵심 유형
(1~4유형)

"당신의 수업은 얼마나 성숙한가요?"

아마 이 질문에 쉽게 대답할 사람은 없을 것이다. 자신의 수업이 얼마
나 성숙한지 판단하려면 수업성숙에 관한 기준이 먼저 제시되어야 하는데,
아직 학교 현장에는 수업성숙에 관한 기준이 명확하지 않은 것이 현실이
다. 그럼에도 불구하고 상당수의 교사들은 보다 좋은 수업을 갈망하고 있
으며, 자신의 수업위치와 수업상태를 알고 싶어 한다. 즉 누구나 교사가 된
이후 보다 성숙한 교사로 성장하길 원하며, 학교와 교실에서 좋은 교사로
서의 역할을 잘 수행하고 싶어 한다. 그럼 수업 경험이 미숙한 교사를 보다
성숙한 교사로 성장시키려면 어떻게 해야 할까?

일단 몇 가지 수업성숙에 관해 고려할 점을 생각해보자.

첫째, 수업의 성숙은 장기간에 걸쳐 성공과 실패의 교육 경험을 통해 이
루어진다. 아이들 앞에 선생님으로 서는 그 순간부터 좋은 수업을 위한 담
금질이 끊임없이 이루어진다. 지혜로운 교사일수록 수업실패의 경험을 최
소화하고 수업성공의 사례를 늘려가려고 할 것이다.

둘째, 수업의 성숙은 자발적인 수업성찰에 의해 시작되며, 협력적인 수
업대화를 통해 완성된다. 진정한 수업의 성숙을 원한다면 자신의 수업을
있는 그대로 되돌아보려는 겸손한 자세를 견지해야 한다. 이러한 자세는
의미 있는 수업성찰로 이루어지며, 동료 교사와의 수업대화를 통해 조언을
귀담아 듣는 마음으로 이어진다.

셋째, 수업의 성숙은 교사에게 내재된 수업능력이 교실현장에서 수업실

행으로 이루어질 때 표상된다. 아무리 가르치는 일에 타고난 교사라도 본인의 수업능력이 실제 수업장면에서 실행되지 않는다면 수업의 성숙을 확인할 수 없을 것이다. 따라서 수업의 성숙을 원한다면 자신의 수업아이템을 들고 교실 현장 속으로 들어가 아이들과 함께 호흡하며 수업장면에 직접 부딪혀보는 교육경험을 가져야 한다.

하지만 이렇게 수업의 성숙에 보다 효과적으로 접근하기 위한 조건들이 모두 충족된다고 하더라도 해결되지 않는 문제가 또 하나 있다. 바로 미숙한 교사가 성숙한 교사로 얼마나 성장해 가는지 눈으로 확인하기 어렵다는 점이다. 물론 수업에 대한 통찰력이 높은 교사라면 아이즈너(E. Eisner)가 언급한 '교육적 감식안(educational connoisseurship)과 교육비평(educational criticism)'으로 수업의 성숙을 이룰 수도 있을 것이다[*]. 아마도 수업을 바라보는 이런 통찰력을 지닌다면 수업에 대한 교사들의 고군분투는 보다 쉽게 해결될 것이다. 그러나 아쉽게도 모든 교사가 아이즈너의 교육적 감식안을 지닌 것은 아니다. 다만 교사의 수업경험이 늘어남에 따라 교육비평의 안목이 함께 성장할 거라고 추측할 뿐이다. 만일 교사들의 수업위치나 수업상태를 눈으로 확인할 수 있다면 아이즈너의 교육적 감식안을 보다 쉽게 얻을 수 있을 것이다.

그럼 어떻게 그 수업의 위치나 상태를 눈에 보이도록 표현할 수 있을까? 저자는 이런 고민을 해결하기 위해 수년간 교사학습공동체[**]를 운영하며 수업연구회원들과 함께 교사들의 수업성숙도를 연구해왔다. 수업성숙도는 교사들의 수업능력에 따른 수업실행의 정도를 표준화점수로 나타내주는 그래프다. 교사들은 수업성숙도를 통해 자신의 수업위치 및 수업 상태를 그래프로 확인할 수 있으며, 수업을 성찰하는 기초자료로 활용할 수 있다. 수업성숙도에 나타나는 수업능력과 수업실행 지수는 교사의 수업성숙에 관한 고급정보를 보여주는 표준화점수[***]다. 수업성숙도의 표준화점수는 교사의 수업성숙도를 드러내는 5가지 핵심행동척도로 분류된다. 수업성숙도의 5가지 핵심행동척도는 '수업다양성, 수업명료성, 수업몰입성, 수업효과성, 수업성공률'이다. 여기에서 제시한 핵심행동척도는 텍사스 주립대학교의 심리학과 교수인 게리 보리크 교수의 효과적인 교사와 직결되는 5가지 핵심행동들을 중심으로 개발되었다. 특히 게리 보리크 교수

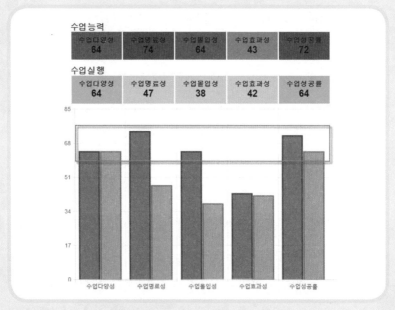

수업성숙도 검사결과 샘플(출처: http://mdrang.net)

의 ≪Effecting Teaching Methods≫****는 교사의 수업위치 및 수업상태를 드러내는 수업성숙도를 연구하는 데 많은 영향을 주었다.

표준화점수의 기준점수는 수업성숙도에 참여한 교사들의 핵심행동척도별 평균값으로, 더 많은 교사들이 수업성숙도 검사에 참여하면 할수록 그 신뢰도가 곤고해지는 특징이 있다. 즉 수업성숙도의 5가지 핵심행동척도별 각 지수는 수업성장으로 고민하는 많은 교사들의 참여와 성찰을 통해 만들어진 표준화점수라고 이해하면 된다. 만일 이런 표준화점수에 대한 통계지식이 어렵다면 자세히 이해하지 않고 넘어가도 수업성숙도를 통한 본인의 수업을 성찰하는 데 전혀 문제가 되지 않는다. 수업성찰에 있어 중요한 것은 수업성숙도의 5가지 핵심행동척도들이 나에게 의미하는 바가 무엇인지 겸허한 자세로 살펴보는 것이다.

그럼 지금부터 수업성숙도의 5가지 핵심행동에 관한 주요 척도의 의미를 자세히 살펴보도록 하자.

★ 교육적 감식안은 수업에 대한 오랜 경험과 훈련을 통해 좋은 수업을 구별할 수 있는 안목을 의미하고, 교육비평은 성숙한 교사가 느끼는 미묘한 질적 차이를 다른 사람들에게 설명하는 언어적 표현을 의미한다.

★★ 수업도시락 엠디랑(www.mdrang.net)에는 학급경영과 수업지도로 고민하는 많은 선생님들이 참여하고 있다. 이곳에서 검사쿠폰을 신청하면 수업성숙도 핵심행동검사를 받아볼 수 있다.

★★★ 표준화점수는 개인이 검사를 통해 획득한 원점수에서 평균값을 빼주고, 그 결과를 표준편차로 나누어 점수들 간의 비교정보를 보여준다.

★★★★ ≪효과적인 교수법≫, 박승배·부재율·설양환·이미자·조주연 공역, 아카데미프레스.

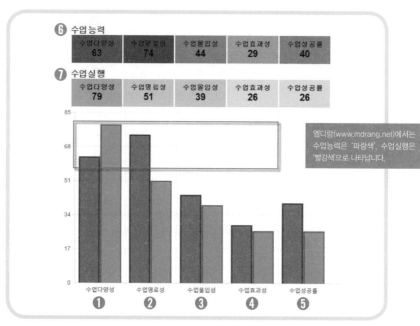

수업성숙도 그래프 한눈에 파악하기

6 수업능력

수업다양성	수업명료성	수업몰입성	수업효과성	수업성공률
63	74	44	29	40

7 수업실행

수업다양성	수업명료성	수업몰입성	수업효과성	수업성공률
79	51	39	26	26

엠디랑(www.mdrang.net)에서는 수업능력은 '파랑색', 수업실행은 '빨강색'으로 나타납니다.

① 수업다양성 **②** 수업명료성 **③** 수업몰입성 **④** 수업효과성 **⑤** 수업성공률

[수업성숙도 검사결과샘플]

표준화된 수업성숙도 검사와 전문적인 해석은 엠디랑(www.mdrang.net)을 통해서 받아볼 수 있다.

① 수업다양성: 각양각색의 기질을 지닌 아이들을 수업에 참여시키기 위해 다양한 교수방법을 모색하여 적용하는 힘이다.

② 수업명료성: 수업의 내용을 단계적으로 구성하여 아이들이 이해하도록 쉽고 명확하게 전달하는 힘이다.

③ 수업몰입성: 자신의 아이디어와 타인의 생각을 정반합의 변증법으로 흥미롭게 집중시키는 힘이다.

④ 수업효과성: 아이들과 친밀한 상호작용을 통해 수업목표에 효과적으로 도달하도록 이끌어주는 힘이다.

⑤ 수업성공률: 수업의 특징에 맞게 교사의 가르침을 학생의 배움으로 만족스럽게 연결시키는 정도다.

⑥ 수업능력: 아이들이 배움의 과정에 이르도록 창의적인 수업을 전개하는 내적 역량으로, 교사의 수업위치를 파악할 수 있다.

⑦ 수업실행: 아이들이 성취기준에 도달하도록 실제 교실 수업으로 나타내는 외적 역량으로, 교사의 수업상태를 점검할 수 있다.

교사의 기질과 역량에 따라 다양한 수업성숙도를 나타내며 깊이 있는 해석은 실제 교실 수업에 대한 수업대화를 통해 나눌 수 있다. 지금부터 이에 대한 자세한 내용을 알아보자.

01

: 수업성숙도 핵심 척도 1 :

수업다양성

성숙한 수업을 바라보는 첫 번째 관점은 바로 '수업다양성'이다. 수업을 다양한 관점으로 접근하는 중요한 이유 중 하나는 지식을 습득하는 방법이 아이들마다 각양각색이기 때문이다. 대표적으로 관리형 아이들은 교사의 체계적이고 단계적인 수업에 의해 지식을 잘 습득하고 정리한다. 반면 탐험형 아이들은 교사의 일방적인 주입식 교육방법보다 다양한 체험활동을 통해 경험적으로 지식을 습득한다. 또한 몰입형 아이들은 교사가 가르치려는 지식이 자신의 호기심의 대상이 되었을 때 관심을 갖기 시작한다. 그리고 외교형 아이들은 지식을 가르치려는 교사와 친밀한 관계가 먼저 형성되는 것이 중요하다.

수업은 정해진 시간 안에 이렇게 다양한 아이들을 포용하는 과정을 거친다. 이때 성숙한 교사일수록 아이들마다 각자 지니고 있는 기질과 성격을 수업 안에 담아내려고 노력한다. 그 노력의 과정으로 교사는 다양한 교수방법을 고민하고, 보다 많은 아이들을 수업이라는 공간에 머물 수 있도록 만든다. 따라서 교사에게 수업다양성은 교실 아이들 모두를 참여시키는 효과적인 교수전략 중 하나라고 할 수 있다. 대부분의 교사들은 교실이라는 작은 공간에서 만나는 아이들을 모두 수업에 참여시켜 정해진 수업 목표에 효과적으로 도달하길 원한다. 그러나 수업을 다양하게 접근하려는 교사들의 노력이 각양각색의 기질을 지닌 아이들에게 항상 잘 적용되는 것은 아니다.

이런 의미에서 교사가 다양한 관점으로 수업에 접근하는 것은 효과적인 수업에 매우 중요하다. 그럼 수업성숙도 중 교사의 수업다양성을 예측할 수 있는 주요 점검사항을 구체적으로 살펴보도록 하자. 만일 당신이 교사라면 다음의 검사 항목을 체크하며 자신의 수업다양성 능력을 점검해 볼 수 있을 것이다.

체험형 수업

	그렇다	아니다
아이들이 좋아하는 놀이나 경쟁을 통한 체험형 수업을 잘 한다.	강점	약점

[강점]

일반적으로 수업다양성이 뛰어난 교사일수록 수업에 참여하는 아이들 전체를 아우르는 능력이 우수하다. 이런 교사는 수업을 할 때 교실 전체를 둘러보는 화각이 넓어 개인보다 집단을 움직이는 교수법을 잘 활용한다. 그러다 보니 교실의 전체 아이들이 동시다발적으로 참여할 수 있는 놀이식 수업방법을 선호한다. 또한 아이들이 수업에 참여할 수 있도록 힘 있는 목소리로 독려하고, 교실을 효과적으로 장악한다. 즉 수업다양성이 우수한 교사일수록 아이들에게 상호협력적인 교수방법을 활용한 체험형 수업에 자신감을 보인다.

[약점]

반면 수업다양성에 어려움을 겪는 교사일수록 체험형 수업으로 인해 흐트러진 아이들을 다루는 것이 힘들다. 놀이나 경쟁을 통한 수업은 일제식 수업과 달리 아이들의 흥미를 유발해야 하는데, 이때 나오는 아이들의 돌발행동을 잘 통제하지 못해 쩔쩔매기도 한다. 심한 경우 체험형 수업을 한다며 아이들에게 개방적인 자세를 요구하면서도 무질서를 용납하지 못해 또다시 엄격한 잣대를 들이대는 이중적인 모습을 보이기도 한다. 즉 수업다양성이 부족한 교사일수록 아이들의 자유분방한 활동에 소극적인 모습을 보인다.

적극적 경청

	그렇다	아니다
아이들의 의견을 적극적으로 듣고 수업에 잘 반영한다.	강점	약점

[강점]

수업다양성이 뛰어난 교사일수록 아이들의 의견을 적극적으로 수용하여 창의적인 수업으로 연결시킨다. 수업 중 아이들의 의견을 들어줄 정도의 여력이 남아 있고, 아이들의 의견을 수업에 적극적으로 반영하여 교사가 간과했던 부분을 보완해간다. 또한 수업 중 적극적인 경청을 통해 교사가 설정한 수업목표로 아이들을 이끌어 갈 수 있다는 지신감이 있다. 즉 적극적 경청이 우수한 교사일수록 수업다양성이 더 활발하게 이루어진다고 볼 수 있다.

[약점]

반면 수업다양성이 부족한 교사일수록 적극적 경청을 통한 아이들의 의견수렴에 어려움을 겪는다. 많은 아이들의 의견을 듣다 보면 교사가 처음 계획했던 수업 의도를 간과하고 수업이 엉뚱한 방향으로 흘러가곤 한다. 아이들의 의견을 의미 있는 방향으로 수렴하는 과정이 어려울 뿐만 아니라 본래의 수업목적까지 흔들리기 때문이다. 즉 적극적 경청에 어려움을 겪는 교사일수록 다양한 수업활동 역시 기대하기 힘들어진다고 볼 수 있다.

보상 및 강화

	그렇다	아니다
아이들이 좋아하는 보상 및 강화를 적절히 활용한다.	강점	약점

[강점]

수업다양성이 우수한 교사일수록 아이들의 발달단계에 맞는 보상 및 강화 전략을 잘 활용한다. 다양한 아이들의 특징을 잘 구분하고 개개인에게 맞는 보상 및 강화 전략을 어떻게 적용해야 할지 본능적으로 잘 이해한다. 수업 중 적절한 보상은 아이들의 움직임을 활발하게 하고 시기적절한 정적 강화와 부적 강화는 수업을 더욱 윤택하게 만든다. 즉 보상 및 강화 전략을 잘 활용하는 교사일수록 다양한 수업활동을 보다 풍성하게 전개한다고 할 수 있다.

[약점]

반면 수업다양성이 부족한 교사일수록 시기적절한 보상 및 강화 방법을 적용하는 데 어려움을 겪는다. 수업 중 적절한 보상이 아이들의 참여를 활발하게 이끌어낸다는 사실을 알지만 막상 어느 시점에서 보상을 해야 하는지 잘 판단하지 못한다. 또 강화의 종류와 의미는 잘 알고 있지만 실제 수업장면에 들어가면 아이의 개별 특성에 맞는 조치가 미흡할 때가 많다. 즉 시기적절한 보상 및 강화에 어려움을 겪을수록 아이들의 참여를 활발하게 이끌어내는 것 역시 힘들어진다.

재구성 및 변화

	그렇다	아니다
목소리의 변화나 다양한 동작으로 활기차게 수업을 진행한다.	강점	약점

[강점]

수업다양성이 뛰어난 교사일수록 교육과정의 재구성을 통한 수업의 변화를 적극적으로 시도한다. 매일 반복되는 수업의 패턴을 고민하기 시작하며 보다 많은 아이들이 수업에 적극적으로 참여할 수 있도록 다양한 변화를 잘 적용한다. 수업의 흐름을 개선하려는 교사의 노력은 목소리의 변화는 물론 교실 내 행동반경을 늘려 아이들 곁으로 더 다가서게 한다. 즉 재구성을 통한 교사의 수업개선이 이루어질수록 보다 활기차고 다양한 수업이 전개될 것이다.

[약점]

반면 수업다양성이 부족한 교사일수록 수업의 변화를 통해 아이들의 참여를 이끌어내는 데 어려움을 겪는다. 교육과징의 재구성을 통해 새로운 수업방법을 시도하기보다 기존의 수업패턴을 고수하고 교사주도형 수업이 반복적으로 이루어질 때가 많다. 심한 경우 매년 진보하는 교육과정의 운영정책에 보수적인 입장을 취하고 아이들의 활발한 움직임을 억누르기도 한다. 즉 교육과정의 재구성에 어려움을 겪을수록 목소리나 동작의 다양한 변화가 오히려 굳어지는 현상이 일어난다.

역동적인 질문

역동성을 자극하는 질문으로 아이들의 움직임을 잘 유도한다.	그렇다	아니다
	강점	약점

[강점]

수업다양성에 민첩한 교사일수록 역동적인 질문을 통해 아이들을 배움의 과정으로 잘 인도한다. 역동적인 질문이란 아이들의 눈높이를 맞추는 질문으로, 아이들을 수업의 중심내용에 다가설 수 있도록 도와주는 질문을 말한다. 수업다양성에 민첩한 교사는 수업 중 아이들 개개인을 수업으로 초대하는 역동적인 질문을 통해 수업에 집중하도록 잘 이끈다. 즉 역동적인 질문을 잘 하는 교사일수록 아이들의 움직임을 활발하게 이끌고 다양한 수업활동에 자신감을 보인다.

[약점]

반면 수업다양성에 둔감한 교사일수록 수업에 참여하는 아이들의 반응보다 교사가 설정한 수업목표에만 집중하는 경향을 보인다. 그러다 보니 아이들을 수업에 참여시키기 위한 역동적인 질문보다 지식이나 개념을 익히기 위한 반복적인 질문 활동으로 치우칠 때가 많다. 즉 역동적인 질문에 어려움을 겪는 교사일수록 아이들의 참여가 활발한 수업보다 다소 획일적인 수업으로 전개될 확률이 높다.

02

: 수업다양성 톡! Talk? :

재주꾼 선생님

만능 재주꾼

　수업성숙도의 수업다양성 척도에 유독 강점을 보이는 교사 유형이 있다. 바로 대담하고 현실적인 성향으로 알려져 있는 만능 재주꾼 선생님[*]이다. 재주꾼 선생님은 탐험형으로 매일 반복되는 따분한 수업보다 놀이와 경쟁이 가득 넘치는 체험식 수업을 신호한다. 늘 새로운 경험을 통해 살아 있는 지식을 아이들에게 전해주길 희망하며, 매순간 열정을 다해 최고의 수업을 만들고 싶어 한다. 그러다 보니 재주꾼 선생님의 수업은 늘 에너지가 넘치고 아이들이 활발하게 참여할 수 있는 다양한 공간이 시도 때도 없이 열린다. 물론 치밀한 계획보다 즉흥적이거나 우발적인 활동을 통해 수업이 채워질 때가 많지만, 그렇다고 항상 성취기준 도달에 심각한 문제가 생기는 것은 아니다. 오히려 재주꾼 선생님이 도달하고픈 수업목표가 강렬하기 때문에 짧은 시간에도 강한 집중력을 발휘해 매우 성공적인 수업을 이루어내기도 한다. 다만 다른 이들이 볼 때는 재주꾼 선생님이 이끄는 교실 수업이 불안해 보일 때가 많으며, 그 좌충우돌식 학급경영에 괜스레 걱정이 앞설 때가 있다.

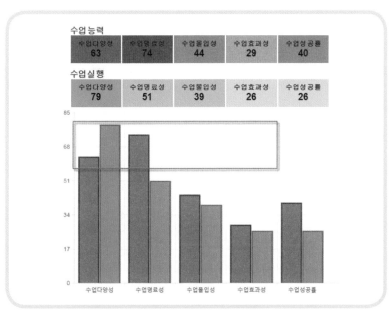

재주꾼 선생님의 수업성숙도: 수업다양성 척도가 두드러진다.

성찰협력과정**으로 어느 재주꾼 선생님을 만난 적이 있다. 이른 아침 교무실에서 만난 재주꾼 선생님은 매우 환한 얼굴로 교무실 이곳저곳을 다니며 밝은 분위기를 연출하고 있었다. 재주꾼 선생님에게 있어 학교는 온통 모험의 장이며, 폭넓은 대인관계를 유지해 사람을 움직이는 힘을 드러낼 공간이기도 하다. 그러나 그 힘의 에너지를 적절히 분산하는 방법을 익히지 못한다면 정작 교실에 올라왔을 때 아이들에게 꼭 필요한 선생님 역할을 하는 데 문제가 생기곤 한다. 따라서 재주꾼 선생님이 관심을 갖고 에너지를 쏟아야 할 주 대상이 교실에 있음을 기억하고, 교실 밖 세상보다 교실 안 공간에 더 애착을 보일 필요가 있다. 아무리 에너지가 넘치는 재주꾼 선생님이라도 교실 안 아이들의 시선을 사로잡지 못한다면 다음의 수업성숙도처럼 수업성공률 척도에서 자신감을 잃을 수도 있다.

재주꾼 선생님의 수업성숙도는 역시 수업다양성 척도에서 두각을 보인다. 활발한 에너지가 요구되는 수업다양성이 탐험형인 재주꾼 선생님의 기질과 잘 어울리기 때문이다. 수업성숙도는 수업능력과 수업실행 지수가 5가지 핵심 척도로 나뉘어 표시되므로 좀 더 세밀하게 살펴볼 필요가 있다. 먼저 현재 수업상태를 나타내는 수업실행 지수를 보면 수업다양성만 두드러져 위 수업성숙도에 응답한 선생님의 겉모습은 현재 '만능 재주꾼' 선생님 역할을 하고 있음을 알 수 있다. 그러나 수업능력 지수***를 보면 수업다양성과 수업명료성이 두드러져 수업위치가 '모험을 즐기는 사업가' 기질에 있는 것으로 읽을 수 있다. 즉 이 선생님은 수업다양성과 수업명료성에 두각을 보이는 사업가 기질인데 반해, 교실에서는 수업다양성에 강점을 나타내는 재주꾼 선생님의 역할을 하고 있는 것이다.

이처럼 누구나 아이들을 가르치는 선생님이 되면서 자신의 본래 기질과는 사뭇 다른 캐릭터 옷을 입는다. 이런 현상을 심리학에서는 고대 그리스의 연극배우들이 쓰던 가면을 뜻하는 '페르소나(persona)****'라고 부른다. 사회적 지위나 가치관에 의해 자신이 타고난 선천적 기질과는 다른 성격으로 살아간다고 할 수 있다. 정신분석학자 융(Jung)에 의하면 이런 페르소나 덕분에 우리는 생활 속에서 자신의 역할을 반영하고 주변 세계와의 상호관계를 맺을 수 있다고 한다. 그러나 페르소나를 이용해 남들에게 좋은 인상을 주려 하거나 자신을 은폐하려고만 한다면 오히려 진정한 자아와 갈등을 일으키기도 한다. 위 수업성숙도에서 수업성공률의 수업능력과 수업실행 지수가 매우 낮은 편인 것을 볼 때 선천적 기질에 가까운 사업가 역할과 후천적 성격에 가까운 재주꾼 역할 간 갈등이 상당히 엿보인다고 할 수 있다.

★ 교사유형에 사용된 용어와 캐릭터는 성격유형으로 저명한 NERIS(https://ww.16personalities.com/ko) 분류방식을 따르고 있다.

★★ 성찰협력과정은 수업자가 자발적으로 참여한 수업성숙도를 기반으로 수업친구의 입장에서 교사의 수업에 참여하여 의미 있는 수업성찰이 이루어지도록 상호협력하는 수업코칭 과정을 의미한다. 이에 대한 설명은 ≪수업도시락, 성찰과 협력을 담다≫에서 자세히 설명하고 있다.

★★★ 엠디랑(www.mdrang.net)에서는 수업능력은 '파랑색', 수업실행은 '빨강색'으로 나타납니다.

★★★★ Persona는 그리스 어원의 '가면'을 나타내는 말로 '외적 인격' 또는 '가면을 쓴 인격'을 뜻한다.

재주꾼 선생님을 위한 성찰협력형 수업코칭

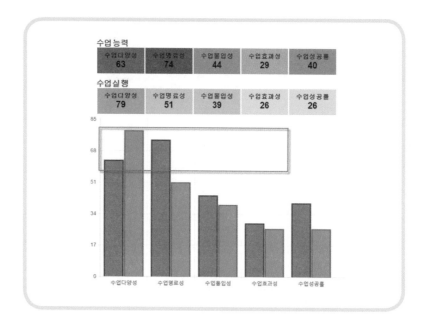

수업능력

수업다양성	수업명료성	수업몰입성	수업효과성	수업성공률
63	74	44	29	40

수업실행

수업다양성	수업명료성	수업몰입성	수업효과성	수업성공률
79	51	39	26	26

수입성숙도를 볼 때 현재 선생님은 교실에서 수업다양성에 두각을 보이는 '만능 재주꾼' 역할을 하고 있습니다. 재주꾼 선생님은 대담하고 현실적

인 성향으로 다양한 도구 사용에 능숙하고 놀이와 경쟁을 통한 탐험형 수업에 강점을 보인답니다. 아마도 교실 수업장면에서는 수업다양성 측면에서 선생님의 역량을 십분 발휘하기 위해 열심히 노력 중인 것 같아요. 이는 수업다양성의 수업능력 지수에 비해 수업실행 지수가 월등히 높은 것을 보면 알 수 있습니다. 즉 선생님의 수업다양성 능력에 비해 더 많은 수업실행을 하고 있다는 뜻입니다. 선생님의 열정과 노력에 큰 박수를 보내드립니다. 그러나 이런 상황이 계속되거나 심해질수록 수업 스트레스로 이어질 수 있으니 수업능력과 수업실행 간 격차를 줄여나갈 필요가 있습니다.

이렇게 열심히 노력하는 선생님의 수업성숙도에서 가장 아쉬운 점은 역시 수업성공률 부분입니다. 현재 수업성공률의 수업능력과 수업실행 지수가 모두 낮아 학급경영 또는 수업지도에 자신감을 많이 상실한 상태로 보입니다. 또는 학급 아이들 중 선생님의 기질과 맞지 않아 다루기 어려운 아이들이 많을지도 모르겠군요. 어느 경우든 현재의 수업성공률을 만족 상태로 복원하기 위한 진지한 수업성찰이 이루어졌으면 합니다.

먼저 선생님의 수업강점은 수업다양성에 있으므로, 이 부분의 수업능력을 조금 더 향상시키면 좋겠습니다. 대체로 수업다양성에 우수한 선생님들은 아이들의 의견을 적극적으로 경청하여 시기적절하게 수업활동에 반영합니다. 또 본능적으로 아이들의 눈높이를 맞추며 활발한 수업참여를 이끌어내는 데도 탁월합니다. 무엇보다 재주꾼 선생님은 수업다양성에서 두각을 나타내므로, 이런 선생님의 강점을 잘 살려나간다면 무너진 수업성공률 역시 쉽게 끌어올릴 수 있을 것입니다.

다음으로 수업명료성 부분을 성찰해보면 좋겠습니다. 선생님의 경우 수업명료성 영역의 높은 수업능력 지수에 비해 수업실행 지수가 낮아 매우 불만족한 상태입니다. '수업명료성'은 간단히 말해 학급 전체 아이들을 대상으로 수업질서를 명확하게 수립하여 수업목표에 단계적으로 나아가도록 지도하는 힘입니다. 선생님의 경우 수업명료성 능력이 다분히 많은데도 불구하고 현재 학급에서는 잘 실행되지 않는 것이 문제랍니다. 이런 상태가 지속될수록 수업상처로 남아 회복하기 어려울 수 있으므로 빠른 대처가 필요합니다. 만일 학급 전체 아이들을 대상으로 수업명료성을 내세우기가 쉽지 않은 상황이라면 선생님의 눈높이를 조금 낮춰 아이들 형편에 맞추는 것도 지혜가 될 수 있겠습니다. 이 부분은 선생님의 수업을 본 후 다시 이야기 나누어 보면 좋겠습니다.

그 외 수업몰입성과 수업효과성 영역은 수업능력과 수업실행 지수가 낮긴 하지만 대체로 만족 상태이므로, 우선 급한 영역부터 수업성찰한 후 다시 이야기해봅시다. 선생님의 수업성숙도는 아이들의 학습성숙도와 밀접한 관련이 있습니다. 현재 재주꾼 선생님으로서의 역할이 학급 아이들과 어떻게 상호작용하는지 수업장면을 통해 성찰해볼 필요가 있어요. 더욱이 선생님의 경우 본래 기질은 '모험을 즐기는 사업가'에 더 가까우므로, 학급경영이나 수업을 지도할 때 수업다양성뿐만 아니라 수업명료성 영역에서도 수업능력을 십분 발휘할 수 있을 거라 기대됩니다. 아무쪼록 수업성숙도를 통해 선생님의 수업위치 및 수업상태를 성찰하는 데 조금이라도 도움이 되길 바랍니다. 힘내세요.

: 수업성숙도의 핵심 척도 2 :

수업명료성

성숙한 수업을 측정할 수 있는 두 번째 핵심 척도는 '수업명료성'에 있다. 대부분의 교사들은 명료한 수업을 통해 아이들을 효과적으로 가르치기 위해 노력한다. 수업의 내용을 명확하고 이해하기 쉽게 전달하는 명료성이 성숙한 수업과 밀접한 관련이 있다는 것은 쉽게 알 수 있을 것이다. 보리크(Borich) 교수는 수업명료성의 평가요소로 학습목표를 제시하는 수업, 선행조직자를 제공하는 수업, 선수학습 요소를 파악하고 배경지식을 제공하는 수업, 하나씩 단계적으로 지시하는 수업, 학생 발달수준을 고려하는 수업, 분명한 전달을 위해 예시, 삽화, 시범 자료를 사용하는 수업, 수업 말미에 요약과 연습문제 등을 제시하는 수업을 언급하였다. 즉 수업명료성의 초점이 교사의 설명에만 있는 것이 아니라 수업내용의 전달과 학생 발달의 수준 및 수업매체 등 광범위한 영역에 걸쳐 있는 것을 알 수 있다.

수업명료성이 높은 교사일수록 아이들의 눈높이를 잘 맞추며 발달연령에 적합한 수업으로 구조화하는 데 능숙하다. 예를 들어 구체적 조작기에 해당하는 초등학교 저학년들은 구체적인 수준에서 논리적인 수준으로 발달하므로 교사의 명료한 수업을 통해 전조작기의 논리적 사고발달을 방해했던 몇몇 요인들을 극복하도록 도와줄 수 있다. 그러나 저학년 아이들의 사고는 여전히 현실에만 존재하기 때문에 보고, 듣고, 냄새 맡고, 만지는 등 사물의 구체적인 부분에 머물러 있다는 것을 알아야 한다. 따라서 구체적 조작기에 해당하는 저학년 아이들의 눈높이에 맞는 적절한 수업이 보다 명료하게 이루어질 필요가 있다. 대표적으로 구체적 조작기에는 전조작기에서 발달하기 시작했던 유목화*와 서열화**가 이루어지므로, 이 시기에는 교사의 명료한 설명을 통해 아이들이 보존개념***을 획득하도록 도와주어야 한다.

이처럼 교사가 아이들의 인지발달단계****를 충분히 숙지하고 아이들의 눈높이에 맞는 명료한 수업을 전개할 때 수업은 보다 성숙해질 수 있다. 그럼 수업성숙도 중 교사의 수업명료성을 예측할 수 있는 주요 점검사항을 알아보도록 하자. 만일 당신이 교사라면 다음부터 제시하는 항목을 체크하며 자신의 수업명료성 능력을 점검해볼 수 있을 것이다.

★ '유목화'는 물체를 나눌 때 여러 가지 특성에 따라 다양하게 나누는 개념이다.
★★ '서열화'는 물체를 크기나 무게에 따라 순서대로 배열하는 개념이다.
★★★ 보존 개념은 물체의 외형이 변했을 때도 동일하다는 물리적 특성을 인식하는 것이다.
★★★★ 피아제(Piaget)의 발달단계는 인지발달을 중심으로 감각운동기, 전조작기, 구체적 조작기, 형식적 조작기로 나뉜다. 피아세에 의하면 인간의 인지 발달단계에서 성취연령은 개인별로 차이가 있으며, 모든 아동은 순차적으로 발달단계를 지나고 각 단계를 뛰어넘을 수 없다.

체계적인 정리

	그렇다	아니다
기억을 돕기 위해 수업내용을 개괄적으로 정리하고 요약해준다.	강점	약점

[강점]

보통 수업명료성이 우수한 교사일수록 아이들 전체를 대상으로 수업에 관한 대의 명분을 명확하게 수립하는 데 탁월하다. 또한 아이들이 수업에 단계적으로 성실히 참여해야 하는 분명한 이유를 잘 제시한다. 그러다 보니 수업을 할 때도 수업목표 도달의 과정을 단계적이면서도 치밀하게 준비하고 아이들이 성실히 참여하도록 교사의 권위를 세워 잘 이끌어간다. 즉 수업명료성이 뛰어난 교사일수록 수업내용의 핵심을 체계적으로 정리하여 지도하는 데 자신감을 보인다.

[약점]

반면 수업명료성이 부족한 교사일수록 수업의 체계를 잡아 내용을 구조화하는 데 어려움을 겪는다. 또한 수업에 단계적인 학습이 필요한 이유를 아이들에게 논리적으로 설명하지 못해 수업의 흐름이 끊어질 때가 많다. 심한 경우 지도하는 교과의 단원 성취기준과 각 차시별 흐름을 파악하지 못해 수업의 중심내용이 흐릿해지기도 한다. 즉 수업명료성에 어려움을 겪는 교사일수록 단원의 개관에 체계적으로 접근하는 데 소극적인 모습을 보인다.

수준별 수업

	그렇다	아니다
학생의 능력을 파악해서 수업의 수준을 재조정해서 가르친다.	강점	약점

[강점]

수업명료성이 뛰어난 교사일수록 출발점 행동을 명확하게 진단하여 배움의 시작

지점을 잘 설정한다. 수업계획을 수립할 때 아이들의 학습수준을 파악하여 접근해

야 수업성공률을 높일 수 있기 때문이다. 또한 수업을 보다 효과적으로 전개하기

위해 아이들의 학습수준을 3~4단계로 구분하여 그룹화하는 데 능숙하다. 이런 학

습수준의 그룹화는 수준별 수업을 보다 효과적으로 접근하는 데 도움을 준다. 즉

수준별 수업이 우수한 교사일수록 학습수준의 그룹화를 잘하고 이는 보다 명료한

수업으로 이어진다고 할 수 있다.

[약점]

반면 수업명료성이 부족한 교사일수록 학습수준의 그룹화를 통해 수준별 수업을

적용하는 것이 어렵다. 설령 아이들의 학습수준을 3~4단계로 구분하여 그룹화했

다 하더라도 각 그룹별로 수준별 수업을 어떻게 전개해야 할지 방향을 잡지 못한

다. 심한 경우 아이들에게 지도할 수업내용에 대한 학습의 위계를 제대로 이해하지

못하거나 그 위계를 수업에 반영하는 데 어려움을 겪는다. 즉 수준별 수업에 어려

움을 겪는 교사일수록 수업명료성이 떨어져 두리뭉실한 수업이 전개될 확률이 높

아진다.

수업의 시각화

	그렇다	아니다
이해를 돕기 위해 시각자료를 사용하고 단계적으로 가르친다.	강점	약점

[강점]

수업명료성이 우수한 교사일수록 가르칠 내용을 시각화하여 아이들의 이해도를 높이는 데 앞장선다. 수업의 시각화는 아이들의 사고과정을 효과적으로 개선하며 자신의 생각을 체계적으로 정리하는 데 큰 도움을 주기 때문이다. 이런 수업의 시각화를 수업에 잘 적용하는 교사일수록 정리된 시각자료를 잘 활용하고, 수업에 단계적으로 접근한다. 또한 수업의 시각화를 통해 아이들의 참여를 활발하게 이끌어내고 수업에 지속적으로 흥미를 갖도록 만들어준다.

[약점]

반면 수업을 시각화하는 데 어려움을 겪는 교사일수록 수업의 핵심을 명확하게 제시하지 못하는 경향이 있다. 또한 짧은 수업시간에 교사가 어느 정도 수업을 주도해야 하는지 시간계획을 잘 수립하지 못하기도 한다. 때로는 시각자료를 너무 많이 준비하거나 아니면 준비된 시각자료에만 의존하다가 오히려 수업의 핵심을 잃어버리는 경우도 생긴다. 즉 수업의 시각화 능력이 부족할수록 수업명료성이 떨어져 수업의 본질을 전달하는 데 소극적인 모습을 보인다.

명확한 지시

	그렇다	아니다
활동에 대한 지시나 안내는 천천히 그리고 명확하게 알려준다.	강점	약점

[강점]

수업명료성에 두각을 보이는 교사일수록 수행해야 할 과제에 대한 지시가 뚜렷해 아이들의 과제완성도가 올라간다. 또한 활동이나 과제에 대한 교사의 명확한 지시는 아이들의 과제집중력을 향상시켜 수업참여도를 끌어올린다. 보통 수업명료성이 우수한 교사일수록 수업시간에 아이들이 교사의 지시나 안내를 어느 정도 이해하고 있는지 잘 관찰한다. 아이들의 표정을 살펴보고 교사의 지시나 안내를 이해하지 못할 경우 그 눈높이에 맞춰 제시하려고 노력한다.

[약점]

반면 아이들의 눈높이에 맞는 명확한 지시를 하지 못하는 교사일수록 아이들과의 의사소통에 문제를 겪는 경우가 많다. 아이들은 이전 활동이 마무리되지 않아 아직 혼란스러운 상황인데, 교사의 또 다른 지시 때문에 불만을 터트리기도 한다. 때로는 아이들의 학습수준이나 학습 환경을 고려하지 못해 수업참여율이 매우 저조해지기도 한다. 심한 경우 학습활동이나 과제에 대한 의욕을 상실하고, 이것이 교사와 학생 간 수업마찰로 이어지는 경우도 발생한다.

뚜렷한 목표 제시

	그렇다	아니다
무엇을 배울 것인지 학습목표를 명확하게 제시한다.	강점	약점

[강점]

수업명료성이 뛰어난 교사일수록 목표 제시가 뚜렷하고 아이들이 학습해야 할 내용을 명확하게 잘 보여준다. 또한 아이들이 배움의 과정에 들어가야 하는 이유가 논리적이며 학습목표를 장·단기적으로 명확하게 제시한다. 즉 아이들에게 뚜렷하게 목표를 제시하는 교사일수록 배움의 과정이 단계적이며 매우 꼼꼼하게 지도하여 아이들의 잠재능력 계발을 돕는다. 즉 목표를 뚜렷하게 제시할수록 수업명료성이 올라가 보다 많은 아이들의 참여를 이끌어낸다.

[약점]

반면 뚜렷한 목표 제시에 어려움을 겪는 교사일수록 수업의 방향설정을 잘하지 못하고 아이들이 배움의 과정에 들어서는 데 오랜 시간이 걸린다. 또한 수업목표가 불분명하므로 교사의 처음 의도와는 달리 수업의 흐름이 엉뚱하게 전개되는 경우가 많다. 심한 경우 아이들은 수업의 부수적인 소재에만 관심을 보이기 시작하며 수업의 결과물 역시 형편없거나 오히려 수업을 방해하기도 한다. 즉 목표 제시가 뚜렷하게 이루어지지 않을수록 수업명료성이 떨어져 예기치 못한 상황을 맞이할 수도 있다.

관리자 선생님

엄격한 관리자

교사 유형 중 수업성숙도의 수업명료성에 강한 자신감을 내비치는 유형
이 있다. 바로 학급관리에 뛰어난 실력을 갖춘 관리자 선생님이다. 관리자
선생님은 관리형으로 우연에 의한 탐험식 수업보다 전통이나 관습을 중시
하는 일제식 수업을 더 선호한다. 매사 정직하고 헌신적이며 수업을 치밀
하게 준비하여 아이들을 쫀쫀히 가르치는 데 일가견이 있다. 사실 관리자

선생님이 이렇게 아이들 앞에서 엄격한 모습을 보이는 이유는 그들이 훗날 더 멋진 삶을 영유하길 바라는 마음에서 시작된 것이다. 그러나 아이들이 더 나은 미래를 열어가길 바라는 관리자 선생님의 따뜻한 마음과 달리 그 표정은 오히려 냉철하게 굳어 있을 때가 많다. 왜냐하면 한번 실패하면 헤어나기 어려운 아이들이 있다는 것을 알기 때문이다. 바로 관리자 선생님의 기질과 비슷한 관리형 아이들이다. 그러다 보니 관리자 선생님의 수업은 체계적이면서도 단계적이고 아이들이 한 단계씩 성장해가도록 수업을 더 촘촘하게 진행한다. 그러면서도 수업에 임하는 아이들의 태도가 불성실하거나 태만해지면 심한 불호령도 마다하지 않는다.

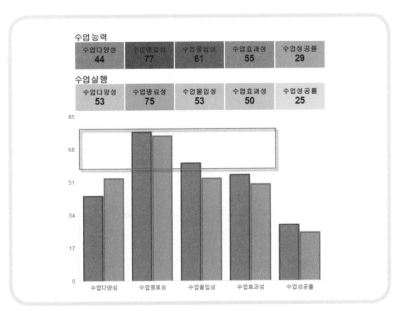

관리자 선생님의 수업성숙도: 수업명료성 척도가 두드러진다.

이런 관리자 선생님을 학교에서 만나기는 그리 어렵지 않다. 상당수의 선생님들이 이렇게 엄격한 관리자 유형을 보이기 때문이다. 관리자 선생님은 보통 자신이 맡고 있는 아이들만큼은 확실하게 가르쳐서 사회에 필요한 인재로 양성하기를 원한다. 물론 그 기준은 관리자 선생님들마다 약간의 차이를 보이지만 대부분의 관리자 선생님은 그 의무와 책임을 다하려고 노력한다. 그러다 보니 아이들 앞에서는 엄격한 선생님의 모습으로 서있을 때가 많다. 수업시간에도 그런 엄격함을 내세우기 때문에 학급은 매우 질서정연하며, 수업내용은 꼼꼼하고 빈틈없이 전개된다. 그렇다고 관리자 선생님이 생각하는 것만큼 항상 풍성한 수업이 전개되는 것은 아니다. 아무리 수업내용을 세밀하게 준비했어도 실제 수업시간에는 여러 가지 변수가 많으며 다양한 아이들을 관리자 선생님의 엄격함이라는 그물망에 항상 가둬둘 수는 없기 때문이다. 만일 관리자 선생님이 수업을 꼼꼼하게 준비했는데도 불구하고 아이들의 수업참여가 저조하고 과제해결능력이 떨어진다면 위 수업성숙도에서 보는 것처럼 수업성공률에서 자신감을 상실하기도 한다.

이와 같이 관리자 선생님의 수업성숙도를 보면 역시 수업명료성 척도가 두드러진다는 것을 알 수 있다. 아이들을 지도하는 관리자 선생님의 엄격함과 수업을 체계적으로 정리해서 명쾌하게 가르치려는 수업명료성의 특성이 일맥상통하기 때문이다. 특히 위 수업성숙도의 경우 수업명료성 척도의 수업능력과 수업실행 지수가 다른 척도에 비해 월등히 높다. 더욱이 수업실행 지수만 보면 현재 교실에서 수업명료성만 두드러지는 '엄격한 관리자' 선생님의 역할을 하고 있음을 알 수 있다. 그런데 수업능력 지수를 보면 수업명료성과 더불어 수업몰입성이 기준점수 위로 올라와 수업위치가 '용의주도한 전략가' 기질에 있음을 알 수 있다. 즉 이 수업성숙도에 응답한 선생님은 수업명료성과 수업몰입성에 두각을 보이는 전략가 기질인데 반해, 현재 교실에서는 수업명료성에 강점을 보이는 관리자 선생님의 역할을 하고 있다.

보통 선생님의 수업위치가 전략가일 때는 생각이 주도면밀하며 말수가 적고 학급경영에도 치밀한 전략을 세우는 경향이 있다. 이런 전략가 기질의 선생님이 현재 관리자 선생님 역할을 하고 있다는 건 어쩌면 현재 교실에서 엄격함이 더 필요하기 때문인지도 모른다. 그러나 선생님의 그런 노력에도 불구하고 수업성숙도의 수업성공률을 보면 한없이 위축되어 있다. 더 안타까운 건 수업성공률의 수업능력과 수업실행 지수가 거의 비슷하게 낮은 상태여서 현재 얼마나 의기소침해 있을지 상상이 된다는 점이다.

관리자 선생님을 위한 성찰협력형 수업코칭

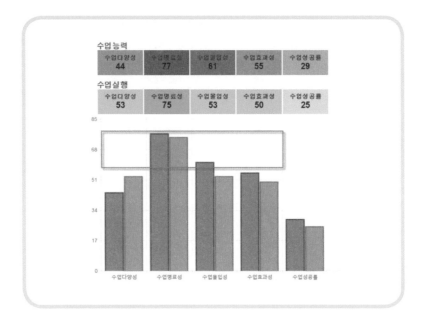

수업능력				
수업다양성	수업명료성	수업몰입성	수업효과성	수업성공률
44	77	61	55	29

수업실행				
수업다양성	수업명료성	수업몰입성	수업효과성	수업성공률
53	75	53	50	25

먼저 수업성숙도를 통해 수업을 진지하게 성찰하려는 노력에 박수를 보냅니다. 선생님의 수업성숙도를 보니 대체로 모든 척도가 만족 상태를 보이

고 있어요. 이는 수업성숙도에서 수업능력과 수업실행 지수가 거의 모든 척도에 걸쳐 비슷하게 높거나 낮은 분포로 일관되게 그려진 것을 통해 알 수 있습니다. 즉 선천적으로 선생님이 타고난 기질과 교사가 된 이후 길러진 성향 간 갈등은 그리 많아 보이지 않습니다. 다만 선생님의 안정적인 교사 역할에도 불구하고 선생님의 수업성공률을 보니 수업능력과 수업실행 지수가 모두 낮아 현재 교실에서 효과적인 수업을 하는 데 다소 어려움을 겪는 것으로 보입니다.

이렇게 낮아진 수업성공률을 높이기 위해서는 먼저 선생님의 강점을 강화하는 교수방법을 고려해보면 좋겠습니다. 위 수업성숙도를 보니 선생님의 강점은 수업명료성에 있군요. 수업명료성이 높을수록 수업에 체계적으로 접근하고 학습목표를 뚜렷하게 제시하며 아이들의 과제 해결력을 높여주는 데 탁월한 능력을 보인답니다. 특히 선생님의 수업성숙도를 보니 수업실행 영역의 수업명료성이 매우 두드러진 것이 선생님은 현재 교실에서 '엄격한 관리자' 역할을 하고 있는 것 같습니다. 이런 관리자 선생님으로서의 엄격함이 학급 아이들과 잘 어우러지는지 성찰해볼 필요가 있습니다. 왜냐하면 아이들의 발달단계에 따라 엄격한 선생님의 역할이 오히려 부작용을 유발할 수도 있기 때문입니다. 더구나 현재 수업성숙도에서 보는 것처럼 수업성공률이 낮게 나타나는 경우 현재 선생님이 쓰고 있는 가면(Persona)이 학급 아이들을 다루기에 적절한지 고민해볼 필요도 있습니다.

선생님의 경우 수업능력 지수에서는 수업명료성과 수업몰입성이 함께 두드러지는 '용의주도한 전략가' 기질로 나타납니다. 즉 선생님은 수업명료성뿐만 아니라 수업몰입성에서도 능력을 발휘할 수 있다는 뜻입니다. 수업몰입성이 우수한 교사 역시 수업을 논리적으로 접근한다는 측면에서는 수업명료성의 특성과 비슷합니다. 그러나 교사의 권위를 앞세워 수업의 질서를 강조하는 엄격한 관리자 선생님과 달리 전략가 선생님은 아이들의 호기심을 자극해 수업의 집중도를 높이는 강점을 잘 발휘합니다. 따라서 현재 수업에서 실행하고 있는 관리자 선생님의 역할을 더 확대하여 용의주도한 전략가 선생님의 기질을 수업에 반영하면 더 좋을 것 같습니다. 수업명료성뿐만 아니라 수업몰입성을 더 실행하여 수업의 주도권을 선생님으로부터 아이들로 조금씩 이양해가면 좋겠습니다.

물론 수업의 주도권을 아이들에게 이양한다고 해서 수업을 단순히 느슨하게 진행하라는 의미는 아닙니다. 오히려 용의주도한 전략가 기질을 발휘해 수업시간에 아이들이 참여할 수 있는 흥미로운 활동을 더 알차게 준비해서 반영하길 권합니다. 처음 언급했던 수업성숙도의 만족 상태를 다른 각도에서 이야기하면 아이들의 변화를 이끌어내지 못해 눈높이를 낮춘 상태라고도 할 수 있습니다. 따라서 수업성공률을 높이기 위해서는 선생님의 수업 주도권을 아이들에게 조금씩 이양해서 아이들이 수업에 더 적극적으로 참여할 수 있도록 수업의 눈높이를 약간 올리는 학습전략을 세워보길 권해드립니다. 특히 선생님의 용의주도한 전략가 기질을 좀 더 발현한다면 충분히 실현가능하리라 생각됩니다. 만일 교실에 탐험형이나 분석형 아이들이 많다면 수업몰입성을 개방적으로 내세우는 전략가 선생님의 수업전략을 더 환호할지도 모릅니다. 어쩌면 지금까지 엄격한 관리자 선생님으로서의 역할이 학급 아이들의 성향과 맞지 않아 부딪히는 문제였을 수도 있으니까요. 아무쪼록 수업성숙도로 바라본 선생님의 수업능력과 수업실행 지수가 수업을 진지하게 성찰해보는 계기가 되셨기를 기대해봅니다. 힘내세요. 선생님이 우리 교육의 희망이랍니다!

o5
: 수업성숙도의 핵심 척도 3 :
수업몰입성

　수업성숙도의 다른 척도들과 달리 수업몰입성은 교사의 겉모습만 보고 판단하기가 쉽지 않다. 왜냐하면 수업명료성을 선호하는 학교의 전통적인 분위기 때문에 수업몰입성은 수면 아래 잠겨 있을 때가 많기 때문이다. 그러나 비교적 최근에 와서는 배움중심 수업, 하브루타 질문수업, 거꾸로 교실 등 개방적이고 혁신적인 수업개선의 노력으로 수업몰입성이 부각되고 있다. '수업몰입성'은 교사와 학생 모두 수업에 흥미를 갖고 자신의 아이디어는 물론 타인의 다른 생각에 정반합(正反合)의 변증법*을 실현하는 힘이다. 즉 수업몰입성은 교사의 일방적인 수업을 지양하고 학생들의 상호작용이 활발한 수업을 지향한다. 또한 아이들이 자발적인 참여와 계산되지 않은 순수한 열정으로 수업에 참여할 수 있도록 이끌어준다.

　이러한 수업몰입성이 높은 교사일수록 아이들에게 장·단기 비전을 잘 제시한다. 먼저 수업의 단기 비전으로 수업이 이루어지는 현재 시점에 집중할 수 있도록 아이들의 시선을 효과적으로 사로잡는다. 특히 수업 도입 단계에서 아이들을 매료시킬 만한 동기유발을 준비하고, 아이들의 관심거리를 수업의 소재로 잘 활용한다. 뿐만 아니라 수업의 장기 비전을 제시하여 수업을 보다 거시적인 관점에서 바라보게 하며 모두 함께 해결해야 할 우리 학급만의 색다른 프로젝트로 인식하게 만든다. 이런 장기 비전에 대한 공유가 이루어지면 수업의 방관자였던 아이들이 주인공의 면모를 갖추기 시작한다. 수업의 의도를 이해하게 되고 그 필요성과 당위성을 깨닫게 되며 자기들만의 시각으로 재조명하여 점점 더 몰입하게 된다. 즉 수업몰입성은 수업의 주체인 교사가 어떤 의도를 가지고 수업의 장·단기 비전을 세우느냐도 중요하지만 동시에 그 비전을 아이들과 어떻게 공유하느냐가 더 중요하다.

그럼 수업성숙도 중 교사의 수업몰입성을 예측할 수 있는 주요 점검사항을 알아보도록 하자. 다음부터 제시하는 항목을 체크하다 보면 교사에게 잘 드러나지 않는 수업몰입성 능력을 성찰해볼 수 있을 것이다.

★ 독일의 철학자 헤겔(Hegel)에 의하여 정식화된 변증법 논리로, 하나의 주장인 정(正)에 다른 주장인 반(反)이 나오고, 여기에 더 높은 종합적인 주장인 합(合)이 나와 통합되고 발전되는 과정을 말한다.

가르침과 배움의 연결

	그렇다	아니다
교육과정을 분석하여 가르침이 배움으로 연결되도록 지도한다.	강점	약점

[강점]

일반적으로 수업몰입성이 뛰어난 교사일수록 아이들의 이성적인 논리를 잘 이해할 뿐만 아니라 수업에 대한 관점의 차이도 정확히 꿰뚫어 본다. 그러다 보니 교육과정을 분석할 때도 각각 관점이 다른 아이들을 어떻게 수업으로 이끌어올지에 가장 큰 관심을 둔다. 특히 수업을 통해 교사의 가르침이 아이들의 배움으로 연결되도록 몰입의 기제(mechanism)를 잘 마련한다. 즉 수업몰입성이 우수한 교사일수록 교사의 가르침을 아이들의 배움으로 잘 연결한다.

[약점]

반면 수업몰입성이 부족한 교사일수록 수업에 대한 아이들의 관점의 차이를 이해하지 못하고 수업을 통한 긴밀한 상호작용에 어려움을 겪는다. 그러다 보니 교육과정을 분석할 때도 정작 수업을 듣는 아이들을 간과할 때가 많다. 당연히 수업시간에 이루어지는 교사의 가르침과 아이들의 배움이 섞이지 않는 물과 기름처럼 따로 분리된다. 즉 수업몰입성에 어려움을 겪는 교사일수록 가르침을 통해 아이들을 배움의 장으로 이끌어오는 데 어려움을 겪는다.

성취기준의 분석

	그렇다	아니다
수업계획을 세울 때 교육과정의 성취기준을 흥미롭게 분석한다.	강점	약점

[강점]

보통 수업몰입성이 우수한 교사일수록 자신의 풍부한 지식을 활용해 아이들이 수업목표에 효과적으로 도달하도록 지도한다. 이는 수업을 준비할 때 교육과정의 성취기준을 세밀하게 분석하여 아이들이 수업에 집중할 수 있도록 호기심을 적절히 자극하기 때문이다. 흥미로운 점은 교육과정의 성취기준을 분석하여 그 내용을 아이들과 공유하고, 아이들의 일상생활과 깊게 관련된 것들을 찾아 수업의 소재로 활용한다는 점이다. 즉 성취기준의 분석 단계부터 아이들과 활발히 소통하여 수업의 몰입성을 높인다.

[약점]

반면 수업몰입성이 부족한 교사일수록 교육과정의 성취기준 분석과 아이들의 배움 과정을 연결하는 데 어려움을 겪는다. 당연히 교육과정의 성취기준 도달에 흥미를 잃어버려 아이들의 수업집중도는 떨어지고 수업은 무기력해진다. 심한 경우 교육과정의 성취기준을 바르게 제시하지 못해 수업이 엉뚱한 방향으로 흘러가기도 한다. 즉 성취기준 분석의 목적을 효과적인 수업에 두지 못하고 단순히 교육과정의 흐름으로만 이해하게 된다.

일탈행동의 조절

	그렇다	아니다
자주 반복되는 일탈행동을 분석하여 적절한 해결책을 마련한다.	강점	약점

[강점]

수업몰입성에 두각을 보이는 교사일수록 모든 아이들이 수업에 집중할 수 있도록 학습자 개개인의 특성을 잘 분석한다. 특히 수업에 집중하지 못하고 일탈행동을 보이는 아이들의 특성을 파악하여 수업에 호기심을 갖도록 지도한다. 또한 일탈행동의 정도를 심리학적 관점과 사회학적 관점으로 분류하여 접근하고, 수업에 참여할 수 있도록 적절한 해결책을 마련한다. 즉 아이들의 일탈행동을 잘 조절하는 교사일수록 수업몰입성이 높다.

[약점]

반면 수업몰입성이 부족한 교사일수록 아이들의 일탈행동 관리를 잘하지 못하고 차분히 학습할 수 있는 분위기 조성에 어려움을 겪는다. 또한 아이들이 일탈행동을 보이는 근본적인 원인을 파악하지 못해 그들을 도울 수 있는 적절한 해결책을 제시하지 못한다. 심한 경우 아이들의 일탈행동을 수업방해의 주요 문제점으로만 치부하고 억제하려고만 하다 보니 수업시간에 아이들과 잦은 마찰을 빚기도 한다. 즉 수업몰입성에 어려움을 겪을수록 아이들의 일탈행동을 적절히 조절하지 못해 다양한 문제에 부딪힌다.

교수방법의 분석

	그렇다	아니다
학습목표 성취에 도움이 되는 교수방법을 세밀하게 분석한다.	강점	약점

[강점]

수업몰입성이 뛰어난 교사일수록 아이들이 학습목표에 효과적으로 도달할 수 있도록 가장 적절한 교수방법을 적용한다. 주로 교사주도형보다 학습자가 주도적으로 수업에 참여할 수 있는 교수방법을 더 선호한다. 특히 특정 교수방법을 사용할 때 아이들이 수업에 얼마나 집중할지 세밀하게 예측하여 분석하는 데 능하다. 즉 학습목표 성취에 도움이 되는 교수방법을 세밀하게 분석할수록 수업의 몰입성이 높아진다.

[약점]

반면 수업몰입성이 부족한 교사일수록 교수방법의 분석 목적을 수업에 참여하는 학습자까지 고려하지 못하고 수업자 자신에게만 중점을 둔다. 그러다 보니 겉보기에 체계적이고 화려할지 몰라도 정작 수업에 참여하는 아이들과의 상호작용에는 한계를 보인다. 즉 수업몰입성이 떨어질수록 교수방법 분석의 초점이 교사에게만 집중되어 실제 수업에서 그 효과를 제대로 발휘하지 못한다.

방해요소의 제거

	그렇다	아니다
수업에 방해되는 요소를 분석하여 미리 예방하거나 제거한다.	강점	약점

[강점]

수업몰입성이 우수한 교사일수록 수업집중에 불필요하다고 판단되는 방해요소를 미리 점검해서 예방한다. 또한 아이들이 집중할 수 있는 수업시간을 충분히 확보해 수업자가 의도한 대로 수업의 방향을 잘 이끌어간다. 때론 수업시간에 나타날 아이들의 예상 반응을 미리 분석하여 긍정적인 요소는 살리고 부정적인 요소는 제거한다. 즉 수업의 방해요소를 적절히 예방하고 제거하는 교사일수록 수업의 몰입성을 높인다.

[약점]

반면 수업몰입성이 부족한 교사일수록 수업에 방해되는 요소를 사전에 차단하지 못해 수업시간에 어려움을 겪는다. 특히 학교 행사 등으로 인해 분주해지는 시기에 자주 발생하는 안전사고 등을 예방하지 못해 곤란한 경우에 처하는 경우가 있다. 심한 경우 부적응 아이들의 의도적인 수업방해 요소를 알면서도 미리 예방하지 못해 수업시간에 낭패를 보기도 한다. 즉 수업방해 요소를 예방하거나 차단하는 데 힘들어 할수록 수업몰입성은 낮아진다.

06
: 수업몰입성 톡! Talk? :
변론가 선생님

논쟁을 즐기는 변론가

수업성숙도의 수업몰입성 척도에 두각을 나타내는 교사유형이 있다. 바로 지적인 도전을 두려워하지 않고 아이들과 뜨거운 논쟁을 즐기는 변론가 선생님이다. 변론가 선생님은 분석형으로 전통이나 관습을 중시하는 일제식 수업보다 아이들의 질문이 살아 있는 토론식 수업을 더 선호한다. 토론식 수업은 아이들과의 활발한 상호작용을 유도할 뿐만 아니라 변론가 선생님의 풍부한 지식을 멋지게 드러내는 데도 유용한 교수방법이다. 사실 변론가 선생님이 뜨거운 논쟁을 즐기는 이유는 아이들의 이성적인 논리를 잘 이해하고 수업을 바라보는 그들의 관점 차이를 꿰뚫어 보기 때문이다. 그만큼 자신이 믿고 있는 신념이 확고부동하며 토론식 수업을 통해 아이들의 잠재능력을 계발하는 데 탁월하다. 대부분의 아이들은 이런 변론가 선생님의 입담과 재치에 쉽게 매료되어 수업에 쏙 빨려 들어간다. 변론가 선생님의 수업은 창의적이면서도 분석적이고 아이들의 호기심을 자극하여 자신만의 멋진 열매를 맺도록 도와준다. 가끔은 변론가 선생님의 창의적인 수업에 너무 몰입하다가 정해진 교과서 수업이 뒤로 밀릴 정도다.

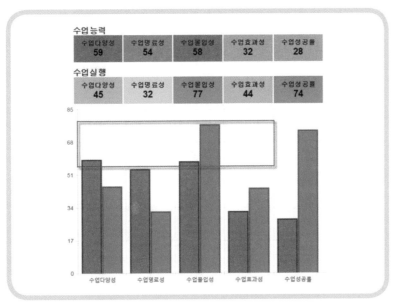

변론가 선생님의 수업성숙도: 수업몰입성 척도가 두드러진다.

그렇다고 변론가 선생님의 수업몰입성이 모든 학교에서 항상 환영을 받는 것은 아니다. 대부분의 아이들에게 호응을 얻어내는 것과 달리 규범이 강한 학교에서는 창의적인 수업보다 전통적인 일제식 수업을 더 원하기 때문이다. 그러다 보니 수업에 대한 변론가 선생님의 고민이 깊어질 때가 많다. 특히 미래를 바라보는 통찰력이 뛰어난 변론가 선생님일수록 혁신적인 수업을 선도하는 데 앞장서려고 한다. 때로는 변화하는 사회 흐름을 쫓아가지 못하는 학교의 구태의연함에 맞서 자기주장을 내세우기도 한다. 또는 변론가 선생님이 직접 새로운 교수방법을 선보여 수업혁신을 주도하기도 한다. 아마도 변론가 선생님의 이런 열정과 노력이 있기에 보다 효율적인 수업개선이 학교사회에서 지속적으로 이루어지는 것일지도 모른다. 다만 수업몰입성이 뛰어난 변론가 선생님의 그런 논쟁을 우리 학교사회가 지금 받아들일 준비가 되어 있는지 깊이 있게 성찰해야 한다. 아무리 혁신적이고 우수한 교수방법을 제시한다고 하더라도 학교나 교실 문화가 아직 받아들일 준비가 되어 있지 않다면 그 시행 시기의 조율이 필요하기 때문이다.

위 변론가 선생님의 수업성숙도를 보면 현재 수업혁신의 새바람을 위해 부단한 노력을 하고 있는 것으로 보인다. 이는 수업능력 지수에 비해 수업실행 지수가 유독 눈에 띄는 것을 통해 알 수 있다. 특히 이런 현상은 수업몰입성과 수업성공률 척도에서 더 확실히 드러나 이 척도에서 수업 스트레스가 매우 심한 상태임을 짐작할 수 있다. 일반적으로 수업실행 지수에서 수업성공률을 제외한 나머지 척도 중 수업몰입성만 두드러지면 현재 교실에서 '논쟁을 즐기는 변론가' 선생님 역할을 하고 있다는 의미다. 반면 수업능력 지수를 보면 수업다양성과 수업명료성, 그리고 수업몰입성이 아주 약하게 올라와 '대담한 통솔자' 기질에 수업위치가 있는 것으로 판단된다. 즉 이 수업성숙도에 응답한 선생님은 수업다양성, 수업명료성, 수업몰입성에 두각을 보이는 통솔자 기질인데 반해, 현재 교실에서는 수업몰입성에 강점을 보이는 변론가 선생님의 역할을 하고 있는 것이다.

보통 선생님의 수업위치가 통솔자일 때는 대담하면서도 풍부한 상상력으로 학급을 강한 의지로 이끌며 다양한 수업을 전개하여 수업목표에 효과적으로 도달하도록 새로운 교수학습 방안을 잘 적용한다. 이런 통솔자 기질의 선생님이 현재 변론가 선생님 역할을 하고 있다는 건 교실 아이들의 호기심을 자극해 수업에 더 집중시키려는 교사의 의도 때문일 것이다. 또는 위 수업성숙도의 경우 통솔자 기질을 교실 아이들에게 발현하기에는 너무 약해 변론가 선생님의 강점을 더 확실하게 살렸는지도 모른다. 어느 경우든 현재 교실에서 통솔자 기질보다 변론가 선생님으로서의 역할이 얼마나 힘든 상황인지를 짐작할 수 있다. 이는 수업성공률의 수업능력 지수가 매우 낮은 것을 통해 현재 교실에서 선생님의 역량 발휘가 어려운 상황임을 알 수 있다. 다만 수업성공률의 수업실행 지수가 매우 높게 올라와 현재 변론가 선생님의 고군분투를 조금만 도와준다면 그 해결의 실마리를 보다 쉽게 찾을 것으로 판단된다.

변론가 선생님을 위한 성찰협력형 수업코칭

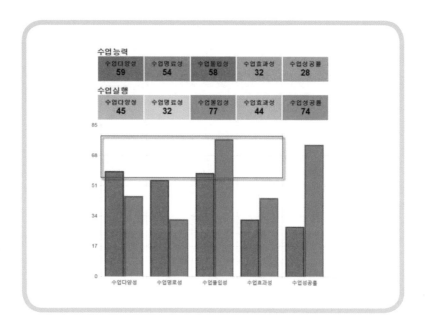

먼저 수업성숙도를 통해 선생님과 수업에 대한 깊이 있는 대화를 나누게

되어 영광입니다. 수업성숙도는 크게 수업능력과 수업실행 지수로 나누어

살펴볼 수 있습니다. 수업능력 지수는 교사의 수업위치와 관련되어 있고, 수업실행 지수는 교사의 수업상태를 나타냅니다. 선생님의 경우 수업능력 지수를 보면 수업다양성, 수업명료성, 수업몰입성에 수업위치가 약하게 올라와 '대담한 통솔자' 기질로 보입니다. 반면 수업실행 지수를 보면 수업성공률을 제외한 4가지 척도 중 수업몰입성만 두드러지는 '논쟁을 즐기는 변론가' 성향으로 보입니다. 즉 선생님은 다소 약한 통솔자 기질인데 반해, 현재 교실에서는 변론가 선생님 역할을 열심히 하고 있군요. 이런 선생님의 가면(Persona)이 교실 아이들과 적절히 상호작용하면 좋을 텐데 현재는 약간 어려운 것 같습니다. 이는 수업성공률의 수업능력 지수가 매우 낮은 반면 수업실행 지수만 높이 치솟아 있는 것을 통해 짐작할 수 있습니다.

수업성숙도의 수업성공률 척도는 선생님의 수업위치와 수업상태가 변하는 것에 따라 수업성숙의 정도에 대해 본인 스스로 인식하는 수업에 대한 자신감이라고 할 수 있습니다. 선생님의 경우 수업성공률의 수업실행 지수가 높은 것으로 보아 현재 수업성공을 위해 부단한 노력을 하고 있는 걸 알 수 있습니다. 이런 선생님의 열정과 노력에 큰 박수를 보내드립니다. 그러나 수업성공률의 수업능력 지수가 매우 낮아 그런 선생님의 고군분투에도 불구하고 수업성공에 대한 자신감이 저하되어 있어 현재 수업 스트레스가 매우 클 것 같군요. 이런 수업 스트레스가 수업성공률뿐만 아니라 수업몰입성과 수업효과성에서도 살짝 보여 수업대화가 필요한 상황입니다. 아마도 수업성공률에서 불만족 상태를 보이는 이유 중 하나는 바로 수업몰입성과 수업효과성에서 지속되는 수업 스트레스 때문일 것입니다. 그중 선생님의 강점인 수업몰입성 척도에서 수업능력 지수가 수업실행 지수보다 낮은 이유를 성찰해보면 좋겠습니다.

수업몰입성은 교사의 창의적이면서도 개방적인 수업진행으로 아이들을 수업에 집중시키는 힘입니다. 그런 수업몰입성이 불만족 상태로 있다는 건 교사가 제시한 비전이 아이들의 눈높이에 맞지 않거나 수업의 방해요소 등이 적절히 제거되지 않은 경우입니다. 또는 교사의 성취기준 분석이 아이들과 공유되지 않아 교사의 가르침과 아이들의 배움이 연결되지 않은 경우도 있습니다. 다소 안타까운 건 선생님의 열정과 노력에도 불구하고 이런 수업몰입성의 능력이 실제 수업과 연결되지 않는다는 점입니다. 이는 고스란히 수업성공률의 불만족으로 이어져 수업의 전체 흐름을 방해하거나 아이들의 수업참여도를 떨어뜨리는 원인이 되고 있는 것 같습니다. 더불어 한 가지 더 생각할 점은 선생님의 수업능력에 비해 수업실행이 안 되는 원인을 성찰해보면 좋겠습니다. 특히 수업다양성과 수업명료성 척도에서 수업능력 지수에 비해 수업실행 지수가 다소 낮은 것에 주목해야 합니다. 즉 선생님의 수업능력이 수업다양성과 수업명료성 척도에서 십분 발휘하지 못하는 원인을 찾아야 한답니다.

아마도 지금 교실 아이들에게는 논쟁을 즐기는 변론가 선생님 역할보다 아이들을 적절히 휘어잡는 대담한 통솔자 선생님이 더 필요해 보입니다. 선생님의 수업성숙도를 볼 때도 수업다양성과 수업명료성 영역에서 수업실행 지수를 조금 더 끌어올린다면 통솔자 선생님의 역할이 보다 안정적으로 바뀔 것 같습니다. 어쩌면 교실 아이들의 현재 구성원이 선생님의 수업몰입성을 제대로 받아들이지 못하기 때문일 수도 있습니다. 수업성공률 역시 현재 교실 아이들에게 가장 적절한 역할을 할 때 보다 쉽게 안정을 찾아갈 것입니다. 너 자세한 수업대화는 다음에 만나서 다시 이야기 나누면 좋겠습니다. 선생님의 열정을 응원하겠습니다. 힘내세요!

07

: 수업성숙도의 핵심 척도 4 :

수업효과성

수업성숙도 척도 중 수업효과성은 가장 눈에 띄지 않으면서도 복잡하고 중요한 의미들을 내포하고 있다. 수업효과성에 관해서는 교사의 자질 및 인성적 특성에 초점을 둔 연구부터 교사의 수업행동과 학생의 학업성취 관계에 초점을 둔 연구까지 다양한 분야에 걸쳐 있다. 최근에는 지식을 학습자가 타인이나 환경과의 상호작용을 통해 형성된 의미로 보는 구성주의 연구가 활발하다. 구성주의 이론가인 바버라 오키프(Barbara O'Keefe)는 인지과정의 복잡성이 발달한 사람은 그렇지 않은 사람에 비해 커뮤니케이션 능력에 강점이 있다고 주장했다. 다시 말해 인지적 구성이 보다 복잡한 사람은 보다 수준 높은 수업효과성을 구현한다는 것이다. 이는 아이들이 저학년에서 고학년으로 올라가면서 메시지의 구성 능력이 점점 높아진다는 사실을 통해 알 수 있다. 또한 또래집단 중에서 인지적 복잡성이 높은 학생이 그렇지 않은 학생에 비해 '사람 중심 메시지'를 구성할 수 있는 능력이 더 앞선다는 결과를 통해서도 알 수 있다.

구성주의 관점에서 수업효과성이 높은 교사는 수업에 직접적으로 개입하는 것이 아니라 학생들의 보조자 및 참여자 또는 촉진자의 역할을 수행한다. 즉 학생들의 자율성과 자신의 능력을 적극적으로 발휘할 수 있는 학습 환경을 조성해주는 역할을 한다. 그러다 보면 학생들 역시 수업에 적극적으로 참여해 자율적인 지식 형성자가 된다. 수업은 학생들의 흥미위주로 진행되며 수업효과성을 높이기 위해 프로젝트 수업, PBL, 토의식 수업, 발견학습, 협동학습 등 여러 가지 교수법으로 이루어진다. 또한 수업효과성을 높이기 위한 평가방법으로 학생의 잠재력을 발달시켜주는 역동적 평가를 선호한다. 또는 실제적 수행능력 하에 인지적 정의적 심동적 영역을 측정하는 수행평가를 실시한다. 이는 수업효과성의 지식을 바라보는 관점이 개인적 구성주의와 사회적 구성주의에 따라 다르기 때문이다. 개인적 구성주의는 개인의 인지적 경험에 의해 재구성된 지식으로 보는 반면, 사회적 구성주의는 공동체들 간의 합의된 지식으로 바라본다.

그럼 수업성숙도 중 교사의 수업효과성을 예측할 수 있는 주요 점검사항을 알아보도록 하자. 다음부터 제시하는 항목을 체크하다 보면 구성주의 관점에서 수업효과성 능력을 성찰해볼 수 있을 것이다.

교수자료의 활용

	그렇다	아니다
학습활동에 필요한 교수자료를 적절히 활용하여 아이들의 이해를 돕는다.	강점	약점

[강점]

일반적으로 수업효과성이 뛰어난 교사일수록 학생들의 자율성을 보장하여 수업에서 자신의 능력을 발휘할 수 있는 학습 환경을 조성하는 것이 얼마나 중요한지를 잘 알고 있다. 또한 아이들의 이해를 도와 정해진 수업목표에 효과적으로 도달하도록 교수·학습 자료를 적절히 잘 활용한다. 자료 활용의 초점 역시 아이들에게 맞춰 그 양과 질이 과하지 않고 적절하다. 즉 수업효과성이 우수할수록 교수·학습 자료를 활용할 때도 아이들과 긴밀한 소통을 통해 수업에 적용한다.

[약점]

반면 수업효과성이 부족한 교사일수록 학생들의 자율성 보장을 통한 잠재능력 발현보다 교사 자신의 수업으로 준비하는 경향이 많다. 그러다 보니 아이들의 학습활동을 위한 교수자료를 준비하기보다 교사중심의 수업자료로만 활용되곤 한다. 당연히 아이들과 수업 중 활용되는 교수자료에 관한 의사소통이 이루어지지 않으며 수업의 효과성 또한 떨어진다.

활동시기의 조정

그렇다	아니다
강점	약점

아이들이 해야 할 모든 활동의 시기 선택에서
실수가 없도록 잘 조정한다.

[강점]

수업효과성에 두각을 보이는 교사일수록 아이들과 긴밀하게 소통하며 학생 개개인의 학습특성을 잘 관찰한다. 또한 어떻게 그 학습특성을 수업에 반영해야 수업의 효과성을 극대화할 수 있을지 잘 알고 있다. 오전수업과 오후수업에 따라 수업 방법을 달리하는가 하면 학교의 주요 행사들을 감안하여 수업활동의 세부 적용시점을 적절히 조정한다. 즉 수업활동의 시기를 세밀하게 잘 조정하는 교사일수록 수업효과성이 높다.

[약점]

반면 수업효과성이 떨어지는 교사일수록 학생 개개인의 학습특성을 반영하기보다 교사중심으로만 수업이 전개된다. 또한 학생의 개별특성을 안다고 해도 실제 수업에서 어떻게 고려해야 할지 갈피를 잡지 못한다. 그러다 보니 아이들이 해야 할 모든 활동의 시기 선택을 적절히 하지 못해 수업의 효과성이 떨어진다. 즉 수업효과성이 부족한 교사일수록 수업 중 아이들의 활동시점을 적절히 조정하지 못한다.

친절한 과제 설명

그렇다	아니다
강점	약점

수업시간에 아이들이 해결해야 할 과제에 대해 친절하게 설명해준다.

[강점]

수업효과성이 우수한 교사일수록 매일 반복되는 아이들의 과제수행 능력을 점검하여 새로 부여할 과제의 수준을 잘 조정한다. 또한 과제 해결력을 높이기 위해 아이들이 과제를 부담이 아닌 친숙한 도전으로 받아들이도록 적절하게 의미를 부여하는 데 능숙하다. 즉 수업시간에 아이들이 해결해야 할 과제에 대한 친절한 설명을 통해 수업의 효과성을 높인다.

[약점]

반면 수업효과성이 부족한 교사일수록 아이들이 해결해야 할 과제 부여 후 그 과제에 대한 피드백까지 챙기지 못한다. 피드백의 결여는 수업시간의 참여도 저하로 이어지고, 과제해결에 대한 의욕이 상실되는 악순환으로 이어진다. 즉 수업시간에 아이들이 해결해야 할 과제에 대한 설명이 부족할수록 수업의 효과성이 떨어진다.

관심과 보살핌

	그렇다	아니다
학생들이 활동하고 있을 때 자리를 순회하면서 따뜻하게 보살핀다.	강점	약점

[강점]

수업효과성이 뛰어난 교사일수록 아이들이 수업시간에 겪는 다양한 어려움들을 세밀하게 관찰하여 잘 도와준다. 심지어 교실에 오기 전 가정에서 일어난 일들에 대해서도 관심을 갖고 아이의 마음상태를 점검한다. 뿐만 아니라 교실에서 이루어지는 모둠활동을 관찰하거나 함께 참여하여 교우관계에 문제가 없는지 따뜻하게 보살핀다. 즉 학생 개개인에 대한 관심과 보살핌을 통해 수업의 효과성을 높인다.

[약점]

반면 수업효과성이 부족한 교사일수록 아이들 속으로 들어가지 못하고 교탁이나 칠판 주변에만 머뭇거리는 경우가 많다. 또한 교실을 순회하면서 아이들 한 명 한 명을 보살피기보다 수업을 진행하기에만 바쁘다. 즉 수업장면에서 아이들에게 관심을 보일 만큼 마음의 여유를 갖지 못해 수업의 효과성이 떨어진다.

개별행동의 허용	그렇다	아니다
교사의 허락이 필요 없는 개별행동에 대해서는 관대하게 대한다.	강점	약점

[강점]

수업효과성이 우수한 교사일수록 학생 개개인의 특성을 파악하여 수업 중 개별행동의 허용에 여유 있게 대처한다. 개별행동의 허용치는 수업상황 및 학생특성을 감안하여 적용하며, 교실분위기에 따라 그 범위를 조금씩 달리한다. 특히 수업에 방해되는 문제아동의 개별행동과 수업의 자율성을 통해 창의력을 극대화하는 아동 등을 구분하여 적용한다. 즉 개별행동의 허용범위를 탄력적으로 적용하여 수업의 효과성을 높인다.

[약점]

반면 수업효과성이 부족한 교사일수록 개별행동의 허용치가 좁고 전체 아이들을 한번에 통제하여 수업을 진행하려고 한다. 또한 수업시간에 개별행동으로 요령을 피우는 아동과 자율성을 통해 창의력을 극대화하는 아동을 구분하여 지도하지 못한다. 즉 수업의 효과성이 떨어질수록 개별행동의 허용범위를 탄력적으로 적용하는 데 어려움을 겪는다.

08

: 수업효과성 톡! Talk? :

옹호자 선생님

선의의 옹호자

수업성숙도의 수업효과성 척도에 두각을 나타내는 교사유형이 있다. 바로 지칠 줄 모르는 영감으로 아이들과 긴밀하게 소통하며 관계 자체에 집중하는 선의의 옹호자 선생님이다. 옹호자 선생님은 외교형으로 아이들이 겪는 어려움에 늘 관심을 기울이고 아이들의 꿈을 실현해가도록 세밀하게 조력해가는 수업을 한다. 특히 수업시간 외에도 아이들이 겪고 있는 근본적인 문제를 해결하기 위해 노심초사 걱정해주며 따뜻한 보살핌을 아끼지 않는다. 자연스럽게 옹호자 선생님과 아이들의 상호작용은 수업시간을 넘나들며 수시로 이루어지고, 그 긴밀한 소통을 통해 아이들의 참여가 풍성한 수업으로 이어진다. 사실 옹호자 선생님의 수업을 자세히 살펴보면 전체 학생들을 통솔한다기보다 학생 한 명 한 명의 관계에 집중되어 있는 경우가 많다. 즉 학생 개개인의 꿈과 희망을 수업에 담아 아이들을 수업의 주인공으로 삼으려는 옹호자 선생님의 강한 의지와 열정이 수업의 효과성을 높이고 있는 것이다.

그렇다고 옹호자 선생님의 수업효과성이 모든 교실에서 항상 성공하는 것은 아니다. 보다 흥미로우면서도 즉흥적이고 창의적인 수업을 갈망하는 억센 아이들에게는 이렇게 유연한 옹호자 선생님의 역할이 오히려 답답하게 비칠 때도 있다. 특히 아이들이 고학년이 되어가면서 옹호자 선생님의 따뜻한 보살핌을 오히려 잔소리로 듣기도 한다. 이를 잘 극복하는 옹호자 선생님은 아이들의 개별행동의 허용치를 적절히 조정하여 수업의 효과성을 높이는 데 집중한다. 즉 옹호자 선생님의 강점을 살려 문제행동을 보이는 아이들을 적극적으로 사귀어 나가고, 그런 우호적인 관계회복을 수업효과성으로 잘 연결한다. 이렇게 옹호자 선생님이 관계회복을 통해 수업효과성을 높이려는 이유 중 하나는 교실 아이들 모두가 서로 돕는 세상을 만들기를 바라는 열망이 가득 넘치기 때문이다.

모든 아이들을 창의적인 이타주의의 빛 속으로 이끌려는 옹호자 선생님의 그런 열정은 교실 분위기를 따뜻하게 만들어준다. 또한 교실 공동체가 나아갈 방향을 하나로 모아주고, 친구들의 상상력을 자극하여 수업의 효과성을 끌어올린다. 아이들은 옹호자 선생님의 배려와 관심 속에서 수업의 주인공으로 나서기 시작하며 보다 자발적이고 창의적인 배움 활동이 전개된다. 특히 교실에서 잘 부각되지 않던 아이들까지 편안한 교실 분위기에 이끌려 잠재된 능력을 발휘하게 될 것이다. 다만 옹호자 선생님이 꿈꾸는 이런 아름다운 교실이 이루어지려면 아이들과의 친밀한 관계회복 시간이 필요하다. 또한 창의적인 이타주의를 또 다른 시각으로 바라봐야 하고, 아이들을 포용할 정도의 헌신과 열정이 수반되어야 한다.

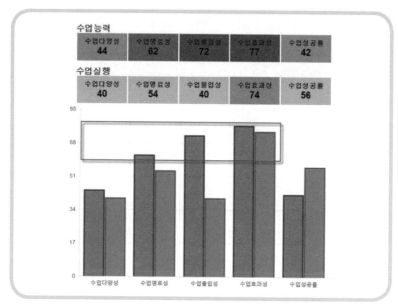

옹호자 선생님의 수업성숙도: 수업효과성 척도가 두드러진다.

이와 같이 옹호자 선생님의 수업성숙도는 역시 수업효과성 척도에서 두각을 보인다. 따뜻한 관심과 배려가 요구되는 수업효과성이 외교형인 옹호자 선생님의 기질과 잘 어울리기 때문이다. 특히 위 수업성숙도의 경우 수업효과성 척도의 수업능력과 수업실행 지수가 다른 척도에 비해 월등히 높은 것을 통해 알 수 있다. 더불어 수업능력과 수업실행 지수가 거의 비슷해 아마도 옹호자 선생님의 역할은 매우 만족 상태일 것이다. 그러나 옹호자 선생님의 안정적인 교사 역할에도 불구하고 수업성공률 지수가 낮은 이유는 수업성찰이 필요한 지점이다. 먼저 가장 쉽게 접근할 수 있는 방법은 수업성숙도 중 수업능력과 수업실행 지수가 어긋나 불만족 상태인 척도를 살펴보는 것이다. 위 수업성숙도의 경우에는 수업몰입성 척도의 수업능력이 높은 반면 수업실행 지수가 낮은 점에 주목할 필요가 있다. 이렇게 수업능력이 높은 반면에 수업실행이 안 된다면 교실에서 수업상처를 경험했을 수 있다. 또는 외교형 선생님으로서의 역할을 하다 보니 미처 수업몰입성까지 챙기지 못했을 수도 있다. 어느 경우이든 옹호자 선생님의 교실에서 수업몰입성이 다소 간과된 점은 분명해 보인다.

또는 수업능력 지수를 통해 선생님의 본래 기질을 탐색해보는 것도 좋은 방법이 될 수 있다. 수업능력 지수만 보면 수업명료성과 수업몰입성, 그리고 수업효과성이 기준점수 위로 올라오는 '청렴결백한 논리주의자' 기질에 수업위치가 있음을 알 수 있다. 논리주의자 선생님은 옹호자 선생님의 배려도 중요하지만, 그보다 학급에 대한 책임을 더 강조하기 때문에 전체 아이들을 통제하기가 보다 수월할 것이다. 즉 수업효과성이 두드러지는 옹호자 선생님의 교실에 수업명료성과 수업몰입성을 조금만 더 발현하도록 도와줄 수 있다면 수업성공률 역시 점점 높아질 것이다. 위 수업성숙도에서는 이미 수업명료성과 수업몰입성 척도에서 수업능력 지수가 탄탄히 받쳐주고 있기 때문에 현장의 교실 상황을 살펴보고 수업대화가 이루어지면 보다 쉽게 안정화될 것이다.

옹호자 선생님을 위한 성찰협력형 수업코칭

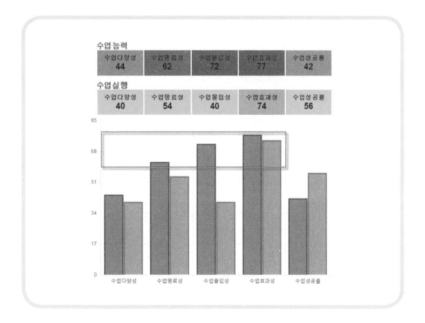

수업성숙도를 통해 선생님의 내면을 진지하게 성찰하려는 노력에 큰 박수를 보냅니다. 선생님의 수업성숙도를 보니 현재 교실에서 아이들과 얼마

나 긴밀하게 상호작용하고 있는지가 보입니다. 수업효과성 척도가 유독 두드러져 있는 것을 통해 쉽게 짐작할 수 있는 부분입니다. 더욱이 수업효과성의 수업능력과 수업실행 지수가 거의 비슷해 만족 상태를 보이고 있으니 더 고무적이군요. 수업효과성은 아이들이 자율적이면서 창의적으로 수업에 참여하도록 조력하여 수업목표에 효과적으로 도달하도록 이끌어주는 힘입니다.

이렇게 수업효과성 척도만 두드러지는 선생님의 경우 교실에서 '선의의 옹호자' 역할을 수행하고 있다고 할 수 있습니다. 옹호자 선생님은 아이들의 깊은 내면에까지 관심을 기울이고 교실에서 하루 종일 활동하는 아이들의 생활을 면밀하게 관찰하여 따뜻한 배려를 아끼지 않는다는 특징이 있습니다. 아마도 선생님은 맡은 아이들의 가정사는 물론 친구관계에 이르기까지 세심하게 살펴보고 근본적인 문제들을 해결하기 위해 불철주야로 노력하고 있을 것 같습니다.

아쉬운 건 선생님의 피나는 노력에도 불구하고 옹호자 선생님으로서의 역할이 곧바로 수업성공률로 이어지지는 않았다는 점입니다. 이는 선생님의 수업성숙도 중 다소 낮게 그려진 수업성공률을 통해 쉽게 짐작할 수 있습니다. 일단 수업성공률이 낮게 표현되었다는 건 선생님의 노력에도 불구하고 학급 아이들에게 수업이 배움으로 잘 연결되지 않았음을 의미합니다. 아마도 옹호자 선생님으로서의 모습이 학급 아이들의 기질과 어긋나는 지점이 있나 봅니다.

먼저 가장 눈에 띄는 척도는 수업몰입성입니다. 수업몰입성 척도를 보면 수업능력 지수는 높은 반면 수업실행 지수가 매우 낮게 나타납니다. '수업몰입성'은 교사의 창의적이면서도 개방적인 수업진행으로 아이들을 수업에 집중시키는 힘입니다. 선생님의 경우 그런 수업몰입성의 능력은 많으나 현재 교실에서는 전혀 실행되지 않고 있는 상황입니다. 심지어 수업능력과 수업실행 지수 간 차이가 커서 이 부분에 혹시 수업상처가 있는 건 아닌지 모르겠습니다. 제가 예상해볼 수 있는 건 옹호자 선생님의 부드러움이 학급 아이들의 기질과 잘 맞지 않는 부분이 있을 것 같다는 것입니다.

이런 문제를 보다 쉽게 해결하려면 선생님의 본래 기질을 성찰해보는 것이 도움이 됩니다. 선생님의 수업위치를 나타내는 기질은 수업성숙도에서 수업능력으로 나타납니다. 선생님의 수업능력 지수를 보면 수업명료성과 수업몰입성, 그리고 수업효과성이 두드러져 '청렴결백한 논리주의자' 기질임을 알 수 있습니다. 논리주의자 선생님은 배려도 중요하지만 책임을 더 강조하고, 사실에 근거하여 사고하며, 가르치는 일에 큰 자부심을 갖고 있어, 목표 달성을 위해 시간과 에너지를 계획적으로 잘 사용한다는 강점이 있습니다. 따라서 현재 교실에서 옹호자 선생님으로서의 역할도 중요하지만 수업성공률을 보다 효과적으로 향상시키려면 논리주의자 선생님 역할에 대해서도 고민해보면 좋겠습니다. 어쩌면 선생님 교실의 경우 선의의 옹호자 선생님보다 논리주의자 선생님으로서의 역할이 더 필요한 아이들이 있을지도 모릅니다. 그런 아이들이 누가 있을지 한 번 생각해보세요.

결국 수업성공률은 교사의 가르침과 학생의 배움 과정을 통해 완성됩니다. 교사에게 선생님으로서의 역할 갈등이 있듯이 성장기 아이들에게도 교실에서 자신이 어떤 사고과정을 거쳐 학습해갈지 자신의 위치를 결정해 간답니다. 따라서 옹호자 선생님의 수업효과성이 더 빛을 발하려면 선생님과 기질이 다른 아이들과 어떻게 상호작용해야 하는지에 대한 깊은 성찰이 필요합니다. 그렇게 교실에서 창의적인 이타주의를 강조하는 것 역시 옹호자 선생님의 강점이랍니다. 아무쪼록 교실 아이들과 더욱 긴밀하게 소통해서 멋진 학급을 꾸려 나가길 바랍니다. 힘내세요!

3부

수업을 성장시키는 수업성숙도 조합을 찾아라
(5~11유형)

수업에서 센세이션(sensation)을 일으키는 선생님들이 있다. 바로 수업성숙도의 핵심 척도 중 2가지 영역에서 동시에 두각을 나타내는 선생님들이다. 이들의 수업 센세이션은 복합적이어서 다양한 아이들의 특성을 이해하는 수업의 안목이 깊고 넓다. 특히 수업성숙도 중 어떤 척도에서 강점을 보이느냐에 따라 그 기질과 성향이 다르게 나타난다. 즉 수업에서 센세이션을 일으키는 선생님들은 자기만의 독특한 기질을 발휘해 교사로서 좋은 수업을 보인다. 물론 좋은 수업의 기준이 교사의 기질에 따라 차이를 보이기도 하지만 아이들의 배움을 일으키는 데는 충분하다. 다만 그 수업의 센세이션이 교실 아이들의 구성원과 적절히 조화를 이루는지는 지속적인 성찰이 필요하다.

수업성숙도 중 2가지 핵심 척도에 걸쳐 두각을 보이는 선생님들의 성격유형은 다음과 같다. 먼저 수업다양성과 수업명료성이 돋보이는 '**모험을 즐기는 사업가**' 선생님이다. 사업가 선생님은 명석한 두뇌와 직관력으로 모험적인 학급경영을 즐기고 자기만의 수업스타일을 전개하는 데 탁월하다. 다음은 수업다양성과 수업몰입성이 돋보이는 '**호기심 많은 예술가**' 선생님이다. 예술가 선생님은 새로운 수업 기법에 도전하고 자기만의 시각으로 재해석하여 창의적인 수업작품을 만들어낸다.

특별히 수업다양성과 수업효과성이 두드러지는 성격유형은 두 부류로 나누어 살펴볼 수 있다. 첫째는 수업효과성에 비해 수업다양성이 더 돋보이는 '**자유로운 영혼의 연예인**' 선생님이다. 연예인 선생님은 매사 즉흥적이고 열정과 에너지가 넘치면서도 아이들에게 위로와 용기를 잘 심어준다.

둘째는 수업다양성에 비해 수업효과성이 더 돋보이는 '재기발랄한 활동가' 선생님이다. 활동가 선생님은 창의적이면서도 웃음이 넘치는 학급경영을 좋아하고 아이들과 사회적, 정서적으로 깊은 유대관계를 잘 맺는다.

그리고 수업명료성과 수업몰입성이 돋보이는 '용의주도한 전략가' 선생님 유형을 들 수 있다. 전략가 선생님은 풍부한 상상력과 결단력으로 수업을 계획적으로 전개하며 자신의 방대한 지식을 아이들과 잘 공유한다. 또한 수업명료성과 수업효과성이 돋보이는 '용감한 수호자' 선생님 유형이 있다. 수호자 선생님은 완벽주의자만큼이나 세심하고 꼼꼼하게 학급경영을 하며 아이들에게 매사 헌신적이고 성실하다. 마지막으로 수업몰입성과 수업효과성이 돋보이는 '논리적인 사색가' 선생님 유형을 들 수 있다. 사색가 선생님은 끊임없는 지적 호기심으로 독창성과 창의력을 잘 발휘하며 자기만의 독특한 수업을 잘 전개한다는 특징이 있다. 이렇게 수업성숙도의 핵심 척도 중 2가지 영역에서 두각을 보이는 선생님들을 총 일곱 유형으로 나누어서 살펴볼 수 있다.

그럼 지금부터 수업에서 센세이션을 일으키는 일곱 분의 선생님들을 차례대로 만나보도록 하자.

01
모험을 즐기는 사업가 선생님
(수업다양성-수업명료성)

모험을 즐기는 사업가

수업성숙도 척도 중 수업다양성과 수업명료성이 동시에 두드러지는 성격유형이 있다. 바로 '모험을 즐기는 사업가' 선생님이다. 사업가 선생님은 누구보다 폭발적인 에너지로 학급을 즐겁게 운영하며 아이들에게 말보다 몸으로 직접 부딪혀 문제를 해결하도록 지도한다. 특히 위기의 순간에도 감정의 한계에 빠져 있기보다 사실에 근거한 이성적인 사고로 보다 지혜롭고 적극적인 참여를 주문한다. 이를 위해 학급경영의 목표를 수립할 때부터 아이들에게 흥미롭고 도전적인 과제 등을 제시한다. 또한 교실 전체를 아우르는 힘이 넘쳐 학급공동체를 잘 세우고 아이들에게 충만한 영감을 불어넣는다. 그러니 사업가 선생님의 수업 목소리는 늘 위엄이 넘치고 설득력이 있어 아이들에게 지대한 영향력을 끼치는 경우가 많다.

사업가 선생님의 이런 영향력은 수업다양성과 수업명료성을 통해 더욱 잘 드러난다. 먼저 사업가 선생님의 수업다양성은 그 모험적인 기질 덕분에 수업을 역동적으로 이끈다. 수업시간에는 뻔히 정해진 길을 가기보다 아이들의 호기심을 자극할 수 있는 고차원적인 사고를 요구한다. 그러면서도 아이들의 눈높이에 맞춰 흥미를 잃어버리지 않도록 돕는다. 또한 사업가 선생님의 수업명료성은 딱딱하고 엄격한 가르침이라기보다 아이들이 선호하는 체험을 단계적으로 제시해서 이끌어주는 힘이 있다. 늘 모험과 도전을 좋아하는 만큼 만일의 사태를 대비하여 만반의 준비가 필요하다고 가르친다. 이런 사업가 선생님의 수업이 흥미진진한 건 교실 수업이 또 다른 모험으로 이어진다는 것을 대부분의 아이들이 인지하고 있기 때문이다.

더욱이 사업가 선생님이 지닌 수업다양성과 수업명료성의 조합은 모험을 즐길 정도의 밝은 에너지를 일으킨다. 이는 수업다양성의 개방성과 수업명료성의 치밀함이 도전과 모험정신을 통해 교실 가득 짜릿한 자극을 주기 때문이다. 그런 사업가 선생님의 자극은 아이들을 학급공동체 안에서 똘똘 뭉치게 만들고 어려운 난관을 헤치고 갈 힘을 불어넣는다. 당연히 사업가 선생님의 수업은 늘 밝은 에너지가 넘치고, 아이들과의 활발한 소통이 이루어진다. 또한 선생님의 단계적인 지도 방법에 대부분의 아이들이 수긍하고 단계학습을 통해 성취감을 얻는다.

이렇게 사업가 선생님의 강한 에너지에도 불구하고 교사로서 내적 성숙함이 요구되는 영역이 있다. 수업성숙도를 보면 특히 수업몰입성과 수업효과성 척도가 무너져 있는 경우가 많다. 이 경우 분석형과 외교형 아이들이 사업가 선생님의 강한 수업스타일을 받아들이지 못해 힘들어할 수도 있다는 점을 기억해야 한다. 만일 교실에 분석형과 외교형 아이들이 많다면 수업성숙도의 수업성공률이 사업가 선생님이 생각하는 것만큼 안정적으로 나타나지 않을 수도 있다. 따라서 사업가 선생님이 미처 놓칠 수 있는 수업몰입성과 수업효과성에 대해 진지한 수업성찰이 필요할 것이다.

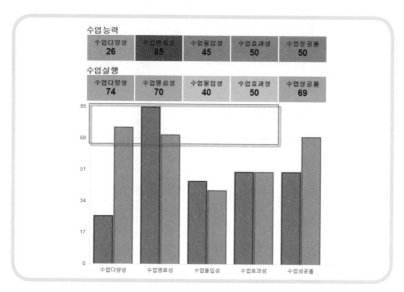

사업가 선생님의 수업성숙도: '수업다양성-수업명료성'이 돋보이다!

  사업가 선생님의 수업성숙도를 보면 보통 수업다양성과 수업명료성이 두드러진다. 모험을 즐길 정도의 강한 에너지가 수업나양성과 수업명료성에서 두각을 보인다고 할 수 있다. 수업실행 지수를 보면 현재 '모험을 즐기는 사업가' 선생님 역할을 하고 있으며, 수업능력 지수를 보면 수업명료성만 두드러지는 '엄격한 관리자' 기질에 수업위치가 있음을 알 수 있다. 즉 이 수업성숙도에 응답한 선생님은 수업명료성에 두각을 보이는 관리자 기질인데 반해, 현재 교실에서는 수업다양성과 수업명료성에 강점을 보이는 사업가 선생님의 역할을 하고 있는 것이다. 어쩌면 더 많은 아이들이 엄격한 관리자 기질의 선생님보다 모험을 즐기는 사업가 선생님을 더 좋아할지 모른다. 사업가 선생님의 수업은 관리자 선생님의 수업에 비하면 더욱 다이내믹하고 개방적이기 때문이다. 그럼에도 불구하고 수업성공률이 떨어져 있다면 현재 사업가 선생님으로서의 역할이 교실 아이들과 잘 융화되지 않은 건 아닌지 심사숙고해야 한다. 위 수업성숙도의 경우 수업성공률의 수업실행 지수는 기준점수 위로 올라온 반면 수업능력 지수가 낮아 다소 불만족 상태임을 알 수 있다. 즉 사업가 선생님으로서 수업성공에 대한 의지가 강한데 반해 막상 수업에 적용하는 능력은 다소 떨어진다고 할 수 있다.

이런 문제를 해결하기 위해서는 불만족 상태에 빠져 있는 다른 핵심 척도를 살펴보면 좋다. 대표적으로 수업다양성 척도를 보면 매우 높게 치솟아 있는 수업실행 지수에 비해 수업능력 지수가 매우 낮게 나타나는데, 이것은 사업가 선생님이 보다 개방적이고 창의적인 수업을 전개하려고 노력하고 있지만 현재 교실 아이들에게 적용하기에는 한계가 많음을 짐작할 수 있게 한다. 반대로 수업명료성 척도에서는 수업능력 지수가 높은 반면 수업실행 지수가 낮아 사업가 선생님의 능력이 교실에서 십분 발휘되지 못하고 있음을 알 수 있다. 이와 관련한 종합적인 수업성찰이 보다 진지하게 이루어져야 할 것이다.

02
호기심 많은 예술가 선생님
(수업다양성-수업몰입성)

호기심 많은 예술가

사업가 선생님의 수업명료성 대신 수업몰입성에서 두각을 보이는 성격 유형이 있다. 바로 수업다양성과 수업몰입성이 동시에 두드러지는 '호기심 많은 예술가' 선생님이다. 예술가 선생님은 자신이 지닌 몰입능력을 수업을 통해 행동으로 옮기고 아이들을 창작의 세계로 인도해간다. 그가 바라보는 수업관은 다른 교사들의 그것보다 깊고 심오하며 때론 엉뚱하기까지 한다. 그리다 보니 예술가 선생님의 수업은 전통과 관습에 얽매이기보다 늘 새로움과 모험으로 가득 차 있다. 대부분의 아이들은 예술가 선생님의 파격적인 제안에 어리둥절할 때도 있지만 얼마 지나지 않아 그의 마술과 같은 수업예술에 깊숙이 빠져들곤 한다.

예술가 선생님의 이런 수업예술은 수업다양성과 수업몰입성을 통해 잘 드러난다. 먼저 예술가 선생님의 수업몰입성은 아이들을 그의 독특한 수업의 세계로 이끌어가는 동기(motive)가 된다. 가끔은 교과서를 무시하면서까지 새로운 교육과정을 개척해내는 예술가 선생님의 창의력을 뒷받침해주기도 한다. 또한 아이들의 호기심을 자극하여 작은 예술가의 면모를 갖추도록 이끄는 에너지가 되기도 한다. 이런 예술가 선생님의 호기심에 기름을 붓는 척도가 바로 수업다양성이다. 예술가 선생님의 수업다양성은 머릿속으로만 그리던 상상을 현실의 세계로 이끌어오는 움직임이 된다. 즉 수업다양성은 수업예술을 교실 현장으로 끌어와 교과서와 융합시키고 행위예술로 재탄생시켜 또 다른 수업작품을 만들어내는 데 도움을 준다.

특히 예술가 선생님이 지닌 수업다양성과 수업몰입성이 융합되면 더욱 다채로우면서도 감각적인 수업이 전개된다. 예술가 선생님의 수업영감은 동료 교사를 의식하지 않고 거침없이 상상의 날개를 펼쳐나가도록 도와준다. 또한 본인 스스로 수업에 대한 호기심을 풀기 바쁘며 아이들을 수업실험의 장으로 잘 이끌어간다. 가끔 풀리지 않는 벽에 부딪히면 깊은 사고의 숲으로 들어가는데, 그렇다고 아무 생각 없이 넋 놓고 있는 것이 아니라 오히려 위기를 기회삼아 더 높이 재도약하기 위해 숨을 고르며 철저히 준비하고 재충전한다.

예술가 선생님은 그런 수업마력에도 불구하고 학교문화에 적응하는 데 큰 어려움을 겪는 유형이기도 하다. 이는 예술가 선생님에게 수업명료성과 수업효과성이 부족하다는 점을 생각하면 쉽게 짐작할 수 있다. 특히 새로운 수업기법을 받아들여 교실에 적용하는 속도가 동료 교사에 비해 너무 급진적이다 보니 가끔 미움을 사기도 한다. 또한 한 가지 분야에서 뛰어난 작품을 내기도 하지만 그와 동시에 주변 사람들을 미처 배려하지 못해 눈총을 받을 때도 많다. 이로 인해 예술가 선생님의 수업명료성과 수업효과성은 세밀한 관심이 필요한 일부 아이들에게는 오히려 상처가 될 수도 있음을 잊어서는 안 된다. 따라서 예술가 선생님에게는 수업명료성과 수업효과성에 대한 성찰이 필요하다.

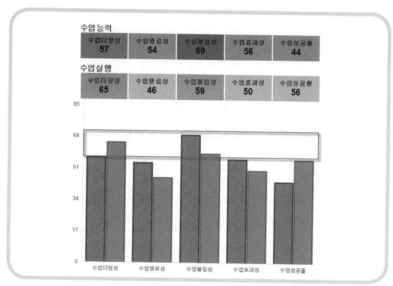

예술가 선생님의 수업성숙도: '수업다양성-수업몰입성'이 돋보이다!

예술가 선생님의 수업성숙도를 보면 일반적으로 수업다양성과 수업몰입성이 두드러진다. 호기심을 수업예술로 승화시키는 그의 열정이 수업다양성과 수업몰입성에서 두각을 보인다고 할 수 있다. 특히 위 수업성숙도의 경우 수업능력 지수와 수업실행 지수 모두 수업다양성과 수업몰입성이 기준점수 위로 올라와 있다. 즉 예술가 기질을 타고난 선생님이 현재 교실에서 '호기심 많은 예술가' 선생님 역할을 수행하고 있다고 할 수 있다. 이렇게 기질과 성향이 비슷한 예술가 선생님이라면 보다 감각적이고 독창적인 예술수업을 멋진 수업작품으로 승화시킬지도 모른다. 아마도 탐험형과 분석형 아이들은 예술가 선생님의 파격적인 실험정신에 매료되어 그 예술수업에 열광할지도 모른다.

그러나 수업성공률이 기준점수 아래에 머무르는 건 수업에 부정적으로 반응하는 아이들이 더 많다는 걸 반증한다. 따라서 예술가 선생님으로서의 역할이 아이들과 잘 융화되고 있는지 살펴봐야 한다. 좀 더 세밀하게 보면 수업능력 지수는 수업몰입성이 가장 높은 반면, 수업실행 지수는 수업다양성이 수업몰입성보다 더 높게 나타난 점에 주목해야 한다. 즉 호기심 많은 예술가 선생님의 기질과 성향에 약간의 차이가 있어 새로운 수업기법을 적용하는 데 내적 갈등을 겪고 있는 건 아닌지 모르겠다.

또는 수업성숙도의 전체적인 그래프를 볼 때 수업명료성과 수업효과성을 상당 부분 보완하고 있는 예술가 선생님의 모습을 떠올려볼 수도 있다. 사실 이 정도의 노력과 열정이라면 수업성공률 역시 기준점수 위로 높게 치솟아야 한다. 그런데도 불구하고 수업성공률이 낮다는 것은 어쩌면 전통적인 학교문화 때문에 예술가 선생님으로서의 역할이 다소 위축된 것으로 짐작할 수 있다. 전통과 관습도 중요하지만 때론 예술가 선생님만의 다이내믹하면서도 독창적인 수업영감이 마음껏 발산될 필요도 있을 것이다. 그러기 위해서는 예술가 선생님의 수업다양성과 수업몰입성이 더 뚜렷하게 부각되어야 한다.

03
자유로운 영혼의 연예인 선생님
(수업다양성-수업효과성)

연예인 선생님

자유로운 영혼의 연예인

사업가 선생님의 수업명료성이나 예술가 선생님의 수업몰입성과 달리 수업효과성에서 두각을 보이는 성격유형이 있다. 바로 수업다양성과 수업효과성이 동시에 두드러지는 '자유로운 영혼의 연예인' 선생님이다. 연예인 선생님은 타고난 스타성 기질을 활용해 아이들의 시선을 한번에 사로잡고 즉흥적이면서도 매력적인 수업을 전개한다. 또한 아이들이 느끼는 순간의 감정에 충실하고 주어진 환경에 순응하며 즐기는 방법을 잘 가르친다. 특히 연예인 선생님이 만끽하는 자유로움을 아이들도 수업을 통해 누리도록 지속적으로 격려하고 용기를 심어주기 위해 최선을 다한다.

사실 이런 연예인 선생님의 자유분방한 겉모습은 수업효과성보다 수업다양성과 더 밀접한 관련이 있다. 수업다양성 기질로 인해 학급경영을 할 때도 주체할 수 없는 흥과 끼를 발산한다. 또한 수업을 개방적이면서 대범하게 진행하고 순간의 실수를 재치로 넘기는 여유를 부리기도 한다. 천성적으로 호기심이 많은 연예인 선생님은 새로운 수업철학이나 교수방법을 적용하는 데도 전혀 거부감이 없다. 그러니 수업다양성으로 인해 연예인 선생님의 수업은 늘 새로움과 즐거움이 가득 넘친다. 그러면서도 수업효과성이 발현되어 다소 소외될 수 있는 소수의 아이들까지도 세밀하게 잘 챙긴다. 때론 그런 아이들을 배려하기 위해 쇼맨십을 아끼지 않으며 썰렁한 유머를 던져 주의를 환기시키기도 한다. 수업효과성이 주인공으로 남으려는 연예인 선생님의 스타성과 결합되어 아이들과의 관계에 집중하도록 만들어준다.

특히 연예인 선생님이 지닌 수업다양성과 수업효과성이 융합될수록 전체를 아우르는 힘이 크고 주변 아이들을 잘 독려한다. 또한 자신이 경험한 새로운 수업기법이나 교육철학을 아이들에게 설명하는 수업 자체를 즐긴다. 뿐만 아니라 자신이 가진 승부근성을 아이들에게 재미있게 미화시키고, 수업의 즐거움과 재미를 경험하도록 이끌어준다. 때론 스스로조차 놀랄 정도로 아이들의 세계로 깊이 들어가 그들의 삶과 동행하며 수업을 통해 긴 호흡을 맞추기도 한다.

그런 연예인 선생님의 밝고 명랑한 에너지가 한풀 꺾일 때가 있는데, 수업다양성이 크게 무너질 때다. 학급을 운영하면서 어떻게 해야 할지 몰라

난감해질 때나 연예인 선생님의 스타성이 어색할 정도로 규범적인 스타일을 원하는 아이들이 학급에 많이 포진되어 있을 때다. 연예인 선생님의 특성이 아이들의 기질과 잘 융화되지 않거나 연예인 선생님의 스타성이 발현되기에는 아이들의 연령대가 너무 낮은 경우 이런 현상이 발생한다. 따라서 연예인 선생님의 자유분방함이 교실 아이들과 잘 융화되어 즐겁고 신나는 수업이 이어지도록 지속적인 수업성찰이 이루어져야 할 것이다.

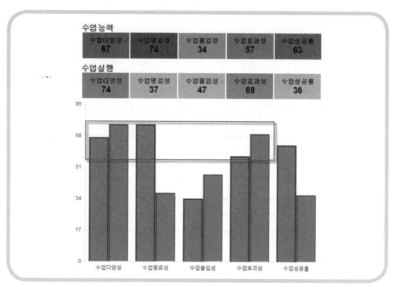

연예인 선생님의 수업성숙도: '수업다양성-수업효과성'이 돋보이다!

연예인 선생님의 수업성숙도를 보면 보통 수업다양성과 수업효과성이 두드러진다. 특히 수업다양성이 강력해서 가끔 '만능 재주꾼' 선생님의 모습이 엿보이기도 한다. 그러나 자세히 살펴보면 수업다양성과 수업효과성이 동시에 두드러지는 '자유로운 영혼의 연예인' 선생님이다. 연예인 성격유형은 대체로 환한 미소를 보일 때가 많아서 쉽게 알 수 있지만, 선생님이 된 이후에는 그런 미소를 감추고 있을 때도 종종 있다. 위 수업성숙도처럼 수업명료성의 수업능력이 함께 올라온 경우에는 '사교적인 외교관' 기질에 수업위치가 있어서 더욱 그렇다. 아이들이 좋아하는 연예인 선생님 역할만으로는 수업을 효과적으로 성공시키기 어렵다고 느꼈을지도 모른다.

이는 수업성숙도에서 수업성공률의 수업능력 지수가 높은 반면 수업실행 지수가 낮은 상태를 보면 쉽게 짐작할 수 있다. 이런 상태는 수업명료성에서도 여실히 드러난다. 즉 수업다양성과 수업효과성이 두드러지는 연예인 선생님 역할만으로는 수업성공을 효율적으로 이끌어내지 못한다고 생각하는 것 같다. 수업성숙도를 보면 이를 극복하기 위한 선생님의 해결책을 수업명료성에서 찾고 있는 양상이다. 보다 세밀하고 엄격한 수업명료성이 교실 아이들에게 더 필요하다고 교사 스스로 판단한 것이다. 그러나 수업명료성 영역에서 수업실행이 이루어지지 않으니 이 부분에서 겪는 연예인 선생님의 수업상처가 매우 클 것 같다. 당연히 수업성공률에서도 자신감이 결여되어 수업실행 지수가 동반 하락하고 있다.

아이들에게 인기 만점인 연예인 선생님의 수업성공률이 이렇게 불만족 상태로 나타난다면 자유로움을 추구하는 학급경영부터 다시 한 번 성찰해볼 필요가 있다. 또는 연예인 선생님의 개방적이면서 재미있는 수업방식을 따라오지 못하는 아이들이 원하는 것이 무엇인지 되돌아보는 것도 좋은 성찰방법이 된다. 아니면 아예 선생님의 외교관 기질을 살려 수업명료성을 보다 확실하게 드러내는 것도 해결책이 될 수 있을 것이다. 어느 경우든 현재 수업성숙도에서 가장 불만족 상태로 나타나는 수업명료성 척도에 대한 깊이 있는 성찰이 필요해 보인다.

04

재기발랄한 활동가 선생님
(수업효과성-수업다양성)

재기발랄한 활동가

앞에서 살펴본 '자유로운 영혼의 연예인'과 기질이 비슷한 성격유형을 지닌 선생님이 있다. 바로 수업효과성과 수업다양성에서 동시에 두각을 보이는 '재기발랄한 활동가' 선생님이다. 수업효과성을 앞에 명시한 이유는 연예인 선생님이 수업다양성에서 강점을 보이는 반면, 활동가 선생님은 수업효과성이 더 돋보이기 때문이다. 활동가 선생님 역시 연예인 선생님 못지않게 자유로운 사고의 소유자이며 독립적이다. 또한 전통과 관습에 얽

매이길 원하지 않으며, 자기만의 독창적인 수업스타일을 선호한다. 다만 연예인 선생님이 교사와 학생의 사회적 유대관계를 통해 친밀성을 획득한다면 활동가 선생님은 한 발 더 나아가 정서적 유대관계의 형성을 더 중요하게 생각한다. 즉 수업다양성으로 학급의 분위기를 활기차게 만들면서도 수업효과성이 더욱 두드러져 아이들의 깊은 내면세계까지 친밀한 관심을 보이는 성격유형이 바로 활동가 선생님이다.

이런 활동가 선생님을 더 깊이 있게 이해하려면 그의 수업효과성과 수업다양성 기질을 탐색해보면 된다. 특히 연예인 선생님에 비해 수업효과성에서 더 강점을 보이는 기질을 먼저 이해할 필요가 있다. 활동가 선생님은 아이들이 겪고 있는 내면적인 갈등에 관심을 보이며, 그 이면에 숨어 있는 의미를 찾아내려 한다. 수업효과성을 위해 아이들과의 일대일 관계형성에 정성을 들이고, 밝은 에너지를 전해주려고 노력한다. 그런 정서적 교감을 통해 세상을 바라보는 통찰력을 제공하고, 장래의 꿈을 펼쳐나가도록 세밀하게 도와준다. 뿐만 아니라 활동가 선생님의 그런 열정에 수업다양성이 더해져 자유롭고 독창적인 수업을 전개하기도 한다. 그의 진취적이고 열정적인 수업방식은 아이들의 적극적인 참여를 이끌어내며 사회적, 정서적 유대관계를 형성하는 데 도움을 준다. 일단 활동가 선생님과 친밀감이 형성된다면 창의적인 수업방식이 아이들의 학습효과를 극대화시킬 것이다.

그런 활동가 선생님의 진취성과 열정이 주춤거릴 때가 있다. 활동가 선생님의 수업효과성이 지나치게 직관에만 의존해 있을 때다. 늘 재기발랄한 활동가 선생님의 직관적인 지도가 오히려 아이들의 친구관계에 문제를 불러오는 경우다. 특히 친구관계의 조화에 민감한 외교형 아이들에게 오해가 생긴 경우 근심이 더 깊어질 수 있다. 또는 활동가 선생님의 창의적이고 자유로운 수업 스타일이 맞지 않아 힘들어하는 아이들이 많은 경우다. 교실에 규범형이나 몰입형 아이들이 많아 차분한 분위기인 경우 재기발랄한 활동가 선생님의 기질을 발휘하는 데 어려움을 겪을 수도 있다. 따라서 활동가 선생님의 수업효과성과 수업다양성이 지나칠 만큼 독립적으로 전개되지 않도록 주의해야 한다. 창의적이고 자유로운 수업방식도 좋지만 단계적이고 체계적인 수업을 선호하는 아이들도 있다는 것을 기억해야 한다.

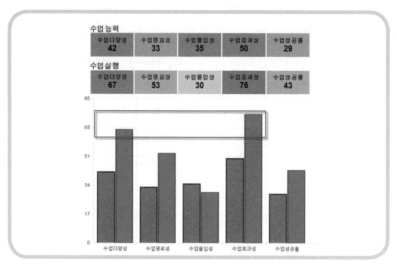

활동가 선생님의 수업성숙도: '수업효과성-수업다양성'이 돋보이다!

 활동가 선생님의 수업성숙도를 보면 수업효과성이 가장 두드러지고 이어서 수업다양성이 그 뒤를 보조해주고 있는 모양이 많다. 가끔은 수업효과성이 강력한 '선의의 옹호자' 선생님 모습이 엿보이기도 한다. 그러나 자세히 보면 수업효과성과 수업다양성이 동시에 두드러지는 '재기발랄한 활동가' 선생님이다. 활동가 성격유형은 독립적이고 활달한 성향으로 밝고 명랑한 모습이 많아 쉽게 눈에 띄는 편이다. 특히 위 수업성숙도처럼 수업효과성과 수업다양성이 높게 치솟아 오른 경우에는 선생님의 겉모습에 활동가다움이 물씬 묻어 있을 수 있다. 또한 활동가 선생님은 그의 독립적인 기질로 인해 학교에서 일어나는 제반 문제를 혼자 힘으로 해결할 때 큰 자부심을 얻는 편이다. 수업을 준비할 때도 창의력이 요구되는 일에 있어서는 물불을 가리지 않고 뛰어드는 편이다. 일처리 역시 끝까지 해결하는 근성을 보여 주변 선생님들로부터 칭찬을 받기도 한다. 거기에 그의 밝고 명랑함까지 더해져 활동가 선생님의 교실은 늘 화기애애한 분위기가 연출되곤 한다.

문제는 그런 밝은 분위기가 위 수업성숙도처럼 항상 수업성공률로 연결되는 것은 아니라는 점이다. 이는 활동가 선생님의 독립성과 무관하지 않으며, 수업성숙도의 전반적인 수업능력과 수업실행 지수를 살펴볼 필요가 있다. 특히 활동가 선생님의 경우 수업효과성과 수업다양성에서 수업능력과 수업실행 지수가 불만족 상태로 나타나는 이유를 분석해야 한다. 먼저 수업실행 지수가 전체적으로 높다는 건 활동가 선생님이 무척이나 활발하게 활동하고 있다는 걸 의미한다. 반면 수업능력 지수가 현저히 낮은 건 좋은 수업의 방향을 어디로 정할지 갈피를 잡지 못한다는 의미이기도 하다. 즉 활동가 선생님의 수업실행은 전반적으로 활발하게 이루어지지만 수업능력이 뒷받침되지 않아 수업효과가 미미한 실정이다. 어쩌면 활동가 선생님의 독립성이 교실 아이들의 활발한 소통을 오히려 방해하고 있는 상태인지도 모르겠다. 따라서 활동가 선생님의 수업능력을 향상시킬 수 있는 구체적인 방법을 모색하거나 교실 아이들에 대한 눈높이를 낮출 필요가 있어 보인다.

05
용의주도한 전략가 선생님
(수업명료성-수업몰입성)

용의주도한 전략가

    수업성숙도 척도 중 수업명료성과 수업몰입성이 동시에 두드러지는 성격유형이 바로 '용의주도한 전략가' 선생님이다. 전략가 선생님은 그가 가진 방대한 지식을 활용해 아이들에게 최고의 수업을 선사하려고 노력한다. 좋은 수업에 대한 자신의 통찰력에 늘 확신이 있으며, 뛰어난 관찰력과 기발한 수업 아이디어로 수업에 참관하는 동료 교사들을 자주 놀라게 한다. 그러나 성공적인 수업에도 불구하고 허세를 부리는 경우는 없으며, 오히려 신중한 태도와 강한 의지로 또 다른 변화를 이끄는 데 앞장선다. 만일 그가 계획했던 수업을 갑자기 변경한다면 처음 수업보다 더 좋은 아이디어가 떠올랐거나 심각한 결함을 발견했기 때문이다. 전략가 선생님은 그의 완벽함에서 기인하는 신비로운 아우라를 풍기며 지혜와 노력을 통해 이루지 못할 것이 없다는 자신감에 차 있을 때가 많다.

그런 전략가 선생님의 기질을 조금 더 깊이 있게 이해하려면 수업명료성과 수업몰입성 척도에 대해 자세히 알아보면 된다. 먼저 전략가 선생님의 원칙주의는 모든 일을 명쾌하게 해결하려는 그의 수업명료성에서 기인한다고 할 수 있다. 수업명료성으로 인해 문제 해결을 위한 준비과정은 철두철미해지며 냉철한 사고과정을 거치게 된다. 거기에 수업몰입성이 더해져 특정 분야를 깊게 파고드는 과정은 예리하고 신중하다. 자연스럽게 수업을 거시적인 관점에서 바라보는 전략가 선생님의 통찰력과 관찰력은 시간이 흐를수록 전문화된다. 또한 전략가 선생님은 아이들이 지식을 전략적으로 습득하도록 수업의 과정을 보다 효율적으로 구성하는 데 탁월한 능력을 보인다. 이는 전략가 선생님의 용의주도함이 수업의 흐름뿐 아니라 아이들의 특질을 이해하는 데 이를수록 더 깊어진다. 즉 학급 구성원에 대한 전략가 선생님의 주도면밀한 분석이 수업성공률의 효과를 높여준다.

그렇다고 전략가 선생님의 용의주도함이 항상 성공하는 것은 아니다. 특히 교실 수업의 주요 구성원인 아이들과의 관계가 원만하지 않을 때는 더 큰 어려움을 겪는다. 좋은 수업에 대한 전략가 선생님의 계획은 완벽할 수 있지만, 그 계획에 동참하는 아이들의 참여가 미흡하면 성공적인 수업을 기대할 수 없기 때문이다. 따라서 수업에 참여하는 아이들의 반응이 시큰둥할 때는 전략가 선생님과의 유대관계부터 점검해야 한다. 이는 전략가 선생님의 약점이 될 수 있는 수업효과성과 관련이 깊다. 때로는 지식이나 계획에 의존하는 것보다 인간미 넘치는 따뜻한 대화가 더 효과적일 수 있음을 기억해야 한다. 또 요즘같이 급변하는 시대에는 전략가 선생님의 전략이 교육의 시대사조를 뒤따라오지 못하는 경우가 발생하곤 한다. 아이들은 이미 성큼 걸어가고 있는데 전략가 선생님은 숙고의 시간을 보내느라 미처 따라가지 못할 수도 있다. 따라서 완벽한 전략일수록 수업의 여백을 두어 아이들의 참여 공간을 확보하는 것이 중요함을 인지해야 한다.

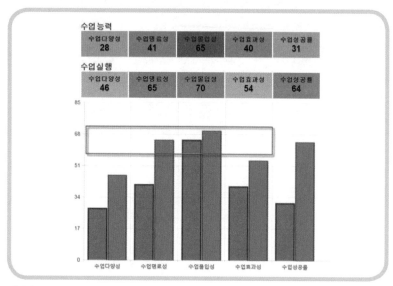

전략가 선생님의 수업성숙도: '수업명료성-수업몰입성'이 돋보이다!

전략가 선생님은 일반적으로 수업명료성과 수업몰입성에서 두각을 보인다. 그의 주도면밀한 성향이 수업명료성과 수입몰입성의 특질과 잘 어울리기 때문이다. 그러다 보니 '용의주도한 전략가' 선생님은 의미 없고 불필요하다고 생각하는 잡담 등에는 관심을 보이지 않는다. 그의 관심은 보다 고차원적인 사고과정에 있으며, 수업을 보다 거시적인 관점에서 내려다보며 효과적인 전략을 세우는 데 탁월한 능력을 보인다. 위 수업성숙도처럼 수업능력 지수에서 수업몰입성 척도만 높이 치솟은 경우에는 '논쟁을 즐기는 변론가' 기질에 수업위치가 있어 더욱 분석적이다. 즉 한 분야를 깊이 파고드는 분석적인 수업능력이 더해져 전략가 선생님의 완벽주의적인 성향을 더 자극할 수 있다.

위 수업성숙도를 보면 전략가 선생님이 자신의 방대한 지식을 활용해 보다 완벽한 수업이 되도록 얼마나 열심히 준비하고 있는지를 알 수 있다. 이는 전반적으로 수업실행 지수가 수업능력 지수에 비해 더 높은 것을 보면 짐작할 수 있는 일이다. 전략가 선생님의 수업역량보다 더 많은 에너지를 교실 수업에 쏟아붓고 있는 모양새, 즉 전략가 선생님의 수업열정과 노력에 비해 뭔가 채워지지 않는 허전함이 수업성숙도에서 느껴진다.

이런 불만족 상태는 특히 수업성공률에서 가장 크게 두드러진다. 수업성공률의 수업실행은 높은 반면 수업능력 지수는 매우 낮아 효과적인 수업에 대한 전략가 선생님의 수업 스트레스가 얼마나 클지 상상이 된다. 이런 양상은 수업다양성과 수업명료성, 그리고 수업효과성에 걸쳐 나타나고 있어 뭔가 풀리지 않는 문제가 전략가 선생님의 교실에 있는 건 아닌지 깊이 있는 수업대화가 필요해 보인다. 특히 전략가 선생님의 강점인 수업명료성 영역에서조차 수업능력이 떨어져 있다는 것에 주목할 필요가 있다. 만일 교실 구성원인 아이들과 전략가 선생님의 성향이 어긋나는 문제라면 눈높이를 낮추고 다른 각도에서 교실 수업을 성찰해야 한다.

06
용감한 수호자 선생님
(수업명료성-수업효과성)

용감한 수호자

전략가 선생님의 수업몰입성과 달리 수업효과성에서 두각을 보이는 성격유형이 있다. 바로 수업명료성과 수업효과성이 동시에 두드러지는 '용감한 수호자' 선생님이다. 수호자 선생님은 완벽주의자만큼이나 세심하고 꼼꼼하게 수업하면서도, 아이들과 긍정적인 유대관계를 형성하고 따뜻한 보살핌을 아끼지 않는다. 또한 사람에 대한 분석적인 사고력이 뛰어나 아이들의 부족한 점을 잘 찾아주고 사소한 문제도 간과하지 않고 섬세하게 보살핀다. 뿐만 아니라 자신이 맡은 아이들에 대한 책임감이 강하고 수호자 선생님의 수업을 기다리는 아이들의 기대에 부응하기 위해 최선을 다한다. 다만 신중하면서도 내성적인 성향으로 인해 다른 사람들 앞에 자신이 세운 공을 잘 드러내지 않는다.

이런 수호자 선생님의 강렬한 책임의식은 수업명료성과 수업효과성의 조합으로 완성된다. 먼저 수업명료성 기질은 수호자 선생님을 전통과 관습에 순응하도록 만들어준다. 특히 수호자 선생님이 인정하는 권위에 순응하기 위해 열과 성을 다해 맡은 일을 해낸다. 또한 자신도 아이들이 인정하는 부드러운 권위를 갖기 위해 참 실력을 쌓아간다. 거기에 수업효과성 기질이 더해져 아이들에게 진정성을 가지고 다가가며 그들의 어려움을 진심으로 돕기 위해 동분서주하기도 한다. 그런 수호자 선생님의 헌신은 수업시간에도 자애로운 표정과 행동으로 표현되곤 한다. 특별히 관심을 갖는 아이들에 대한 사소한 정보까지 모두 기억해 친밀감을 형성하는 데 잘 활용한다. 그러다 보니 아무리 말썽꾸러기 아이들이라도 수호자 선생님의 애정과 사랑에 포근함을 느끼는 경우가 많다. 자연스럽게 부적응 아이들의 모난 행동들은 부드러워지고 문제행동이 순화되곤 한다.

이런 용감한 수호자 선생님이 대인관계에 어려움을 겪을 때가 있는데, 수호자 선생님이 애정을 가지고 심혈을 기울여왔던 아이들 간에 문제가 생겼을 때다. 수호자 선생님에게 있어 누구 하나 소중하지 않은 아이는 없다. 그렇기에 대인관계에서 붉어진 딜레마는 수호자 선생님의 의사결정 능력을 떨어트리고 우유부단한 상황을 만들곤 한다. 그만큼 사람에 대한 애착이 강하고 나보다 남을 먼저 배려하는 진정한 이타주의자라고 할 수 있다. 그런 성향 때문에 주변 사람들만 챙기고 정작 자신의 몫은 챙기지 못하는 경우가 많다. 이런 경우 밀려오는 허전함을 감당하지 못해 자신의 성격을 탓하고 자괴감에 빠지곤 한다. 따라서 아낌없이 베푸는 수호자 선생님이 주변에 있다면 반드시 감사의 인사를 전할 필요가 있다. 자기 몫을 욕심껏 챙기지도 못하고 마냥 나누어 주면서도 사람들이 자신에게 어떤 태도를 취하는지 섬세하게 관찰하기 때문이다. 자신의 역할을 충실히 해내는 수호자 선생님 덕분에 우리 사회가 밝아지고 있음을 기억하고 감사한 마음을 가져야 한다.

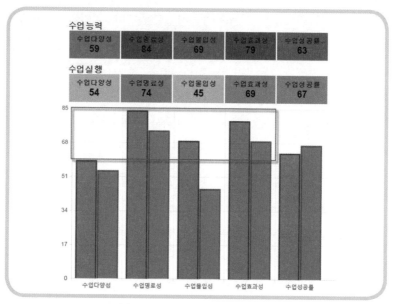

수호자 선생님의 수업성숙도: '수업명료성-수업효과성'이 돋보이다!

'용감한 수호자' 선생님의 수업성숙노를 보면 수업명료성과 수업효과성이 두드러진다. 특히 수업명료성의 완벽함과 수업효과성의 따뜻함이 조화를 이루어 만족 상태를 보일 때가 많다. 위 수업성숙도에서도 유독 수업명료성과 수업효과성에서 수업능력과 수업실행 지수가 모두 높이 치솟아 있는 것을 확인할 수 있다. 즉 수업준비의 섬세함과 치밀함은 물론 수업에 참여하는 아이들과의 긴밀한 유대관계를 통해 좋은 수업을 만드는 힘이 있다. 아마도 아이들의 출발점 행동과 수업반응을 긴밀하게 파악하여 수업 진행의 긴장 정도를 적절하게 조정하고 있는 것으로 보인다. 이는 높은 수업명료성과 수업효과성에 비해 수업성공률의 지수가 기준점수보다 살짝 올라와 있는 것을 통해 짐작할 수 있다. 수업명료성과 수업효과성의 수업능력 지수가 수업실행 지수에 비해 근소한 차이로 높은 것을 봐도 그렇다.

다만 수업몰입성의 수업능력 지수가 수업실행 지수에 비해 월등히 높아 불만족 상태로 나타난 지점은 성찰이 필요해 보인다. 왜냐하면 이 상태가 지속될 경우 본인의 수업능력을 마음껏 발현하지 못해 교사의 수업상처가 깊어질 수 있기 때문이다. 사실 수업능력 지수로만 보면 수업명료성과 수업몰입성, 그리고 수업효과성이 두드러지는 '청렴결백한 논리주의자' 기질에 수업위치가 있음을 알 수 있다. 즉 위 수업성숙도에 응답한 선생님은 논리주의자 기질이 강한 반면, 현재 교실에서는 수호자 선생님 역할을 하고 있는 것이다. 이런 수호자 선생님의 페르소나(persona)가 이 상태로 만족이 된다면 수업몰입성의 눈높이를 낮춰 수업성공률을 더 높일 수 있을 것이다. 또는 아이들과 수업을 통해 더 긴밀하게 호흡을 맞출 수 있다면 수업몰입성의 수업실행 지수를 끌어올려 지금보다 더 나은 수업을 모색할 수도 있다. 그러나 선생님의 수업성공률을 올리기 위한 그 어떤 전략이든 현재 교실의 분위기와 아이들의 참여 정도를 먼저 성찰한 후 접근하는 것이 보다 효과적일 것이다.

07
논리적인 사색가 선생님
(수업몰입성-수업효과성)

논리적인 사색가

수호자 선생님의 수업명료성과 달리 수업몰입성에서 두각을 보이는 성격유형이 있다. 바로 수업몰입성과 수업효과성이 동시에 두드러지는 '논리적인 사색가' 선생님이다. 사색가 선생님은 창의적인 학급운영을 통해 아이들의 지적 호기심을 최대한 끌어올리는 데 탁월한 능력을 보인다. 때로는 동료 선생님들노 생각하지 못할 정도의 독특한 수업을 전개하며 나름의 자부심을 갖는다. 또한 사색가 선생님은 교실의 문제를 면밀하게 분석하여 사건의 연속성을 파헤치는 성격유형이다. 특히 친구문제로 벌어지는 아이들의 신경전을 깊이 있게 해석하여 대화의 진위여부를 잘 판가름한다. 이러니 아이들의 거짓말도 사색가 선생님 앞에서 쉽게 들통나곤 한다.

이런 사색가 선생님의 논리적이면서 왕성한 호기심은 수업몰입성과 수업효과성의 조합에 의해 완성된다. 먼저 사색가 선생님의 수업몰입성은 아이들을 깊이 있는 사유의 세계로 인도해간다. 그의 천재적인 논리성은 수업을 통해 빛을 발하고 독특한 문제해결 방법은 동료 교사들 사이에서도 화두가 되곤 한다. 수업은 아이들의 친구관계가 복잡하게 얽혀 있는 공간으로, 사색가 선생님이 좋아하는 지적 활동의 장이다. 또한 사색가 선생님의 수업효과성으로 인해 어느 누구도 소외되지 않은 공평한 교실이 조성된다. 특히 사색가 선생님은 수업 속에 빠져 있는 아이들에 대한 세심한 통찰력을 발휘해 그들의 왕성한 지적 활동을 돕는 데 모든 시간과 에너지를 쏟아붓는다. 그래서 사색가 선생님의 수업은 독창적이면서도 아이들 개개인에게 의미 있는 시간으로 가득 채워질 때가 많다. 간혹 수업에 참여하는 아이들이 사색가 선생님의 이론을 반박하더라도 정교한 논리로 아이들을 설득해서 수업에 잘 참여시킨다.

그런데 사색가 선생님이 가끔 자신의 논리에 갇혀 자기만의 동굴에 빠져 있을 때가 있다. 심지어 풀리지 않는 논리라도 생기면 아침에 일어나 저녁에 잠들 때까지 한순간도 쉬지 않고 집중하기도 한다. 물론 사색가 선생님 본인에게는 건전한 사고의 과정이겠지만, 때로는 교실 아이들과의 소통에 문제가 생기기도 한다. 가끔은 아직 완성되지 않은 수업기법을 아이들에게 소개해 교실을 실험의 장으로 만들기도 한다. 일부 아이들은 새로운 수업기법에 긍정적인 반응을 보이기도 하지만, 학교의 전통적인 문화에 부딪히는 경우도 종종 발생한다. 특히 교실 수업상황 속에서 검증과정을 거치지 않고 사색가 선생님의 머릿속으로만 그려진 경우라면 예측할 수 없는 문제를 만나기도 한다. 따라서 사색가 선생님이 미완성된 수업기법을 흥분된 상태로 소개한다면 학교 현실과 동떨어진 것은 아닌지 점검해볼 필요가 있다. 또한 더 나은 수업을 위해 고심하는 사색가 선생님의 도전이 학교문화를 긍정적인 방향으로 발전시키는 데 기여하도록 적극적인 피드백을 아끼지 말아야 할 것이다.

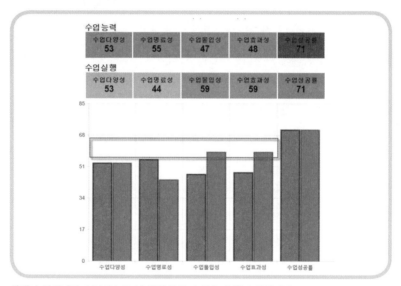

사색가 선생님의 수업성숙도: '수업몰입성-수업효과성'이 돋보이다!

'논리적인 사색가' 선생님의 수업성숙도를 보면 수업몰입성과 수업효과성이 두드러진다. 특히 수입실행 지수에서 두 척도가 동시에 두드러지는 경우 독특한 관점으로 왕성한 호기심을 보이는 사색가 선생님의 모습을 뚜렷이 볼 수 있다. 또한 논리적이고 고차원적인 사고과정으로 아이들을 지도하는 사색가 선생님의 열정을 엿볼 수 있다. 그런 열정이 교실 수업에 녹아들어 아이들의 참여를 이끌어 내었다면 위 수업성숙도처럼 높은 수업성공률을 보게 될 것이다. 이렇게 수업성공률의 수업능력과 수업실행 지수가 모두 높게 올라와 만족 상태를 보인다는 것은 수업에 대한 교사의 자신감이 충만하다는 것을 의미한다. 일반적으로 수업성공률이 높은 경우 자존감이 높은 안정적인 교사 역할이 기반이 되는 경우가 많기 때문에 이 사색가 선생님의 교실 수업은 멋지게 전개될 것이라는 점을 짐작할 수 있다.

다만 위 수업성숙도를 보면 핵심 척도의 수업능력 지수가 모두 기준점수 이하로 나타나 사색가 선생님의 타고난 기질을 파악하는 데 어려움이 있다. 더구나 사색가 선생님의 강점인 수업몰입성과 수업효과성의 수업능력 지수 역시 낮게 나타나 깊이 있는 성찰이 필요해 보인다. 만일 수업몰입성과 수업효과성 영역에서 수업능력이 부족한데도 불구하고 현재 교실에서 열심히 실력발휘를 하고 있는 상황이라면 격려와 박수를 아끼지 말아야 한다. 그러나 아이들이 수업에 참여하는 데 뭔가 문제가 있는 상황이라면 그 근본적인 문제가 무엇인지 분석을 통해 수업코칭이 이루어져야 한다. 수업코칭을 할 때 수업성숙도는 수업자의 자가 진단에 의해 도출된다는 점을 기억하자. 즉 수업성공률이 높게 표시되어 있더라도 실제 수업을 통해 교실 분위기를 직접 눈으로 확인하기 전까지는 최종 판단을 보류할 필요가 있다. 특히 위 수업성숙도처럼 핵심 척도의 수업능력과 수업실행 지수가 전반적으로 낮게 표시되는 경우라면 더더욱 그렇다. 만일 사색가 선생님의 성향이 교실 수업에서 뚜렷하게 드러나지 않는다면 이 역시 보다 좋은 수업을 위한 수업대화가 깊이 있게 이루어져야 한다.

4부

수업성찰을 완성하는 힘, 최고의 수업을 만든다
(12~16유형)

수업의 센세이션(sensation)을 넘어 수업에서 변화와 혁신을 주도하는 선생님들이 있다. 바로 수업성숙도의 핵심 척도 중 3가지 영역에서 동시에 두각을 나타내는 선생님들이다. 이들은 사물을 바라보는 직관과 통찰력이 매우 뛰어나며, 상황판단능력이 우수해 위기상황에서 오히려 큰 영향력을 나타낸다. 자기 분야에 대한 사명감이 투철하고 학교에서도 수업전문성을 발휘해 변화와 혁신을 주도하는 데 늘 앞장선다. 이를 위해 자신의 시간과 에너지를 모두 쏟아붓고 주변의 선생님들을 자기만의 기질을 살려 잘 설득해간다. 또한 이들은 일이 잘 풀리지 않을 때는 남을 탓하기보다 문제가 된 상황에 집중하거나 자신의 부족한 능력을 키우기 위해 또 다른 도전을 마다하지 않는다. 그런 긍정적인 에너지가 변화와 혁신을 주도하는 위대한 선생님을 만들어 가는지도 모르겠다.

수업성숙도 중 3가지 핵심 척도에 걸쳐 두각을 보이는 선생님들의 성격 유형은 다음과 같다. 먼저 수업다양성과 수업명료성, 그리고 수업몰입성이 돋보이는 '대담한 통솔자' 선생님이다. 통솔자 선생님은 대담하면서도 풍부한 상상력으로 학급을 강한 의지로 이끌어가며 다양한 수업을 전개하여 수업목표에 효과적으로 도달하도록 새로운 방안을 마련하는 데 탁월한 능력을 보인다. 다음은 수업다양성과 수업명료성, 그리고 수업효과성이 돋보이는 '정의로운 사회운동가' 선생님이다. 사회운동가 선생님은 넘치는 카리스마와 선한 영향력으로 학급을 압도하면서도 아이들이 필요하다고 느낄 때면 발 벗고 나서서 쓴소리도 마다하지 않는 정의로움이 강성이다. 사회운동가 선생님의 수업성숙도에서는 수업명료성과 수업효과성보다 수업다양성이 조금 더 돋보이는 경향이 있다. 반면에 사회운동가 선생님과 달리 수업 다양성보다 수업명료성이나 수업효과성이 더 두드러지는 '사교적인 외교관' 선생님이 있다. 외교관 선생님은 사교적인 성향을 활용해 학급분위기를 좌지우지하며, 학급공동체에 승리와 명예를 불러오기 위해 아이들의 열정을 적절히 자극해 팀을 잘 이끌어가는 특징이 있다.

또한 수업다양성과 수업몰입성, 그리고 수업효과성이 돋보이는 '열정적인 중재자' 선생님을 들 수 있다. 중재자 선생님은 상냥한 성격의 이타주의자로 건강하고 명랑한 학급 세우기에 앞장서며 아이들의 긍정적인 면을 찾아 더 나은 수업을 만들고자 조용하면서도 열정적으로 노력하는 기질이 있다. 마지막으로 수업명료성과 수업몰입성, 그리고 수업효과성이 돋보이는 '청렴결백한 논리주의자' 선생님이 있다. 논리주의자 선생님은 자신이 맡은 학급에 책임을 다하고 사실적인 현상에 근거하여 사고하며, 가르치는 일에 큰 자부심을 갖고 있어 수업목표 달성을 위해 자신의 시간과 에너지를 계획적으로 잘 사용하는 특징이 있다.

이렇게 수업성숙도의 핵심 척도 중 3가지 영역에서 두각을 보이는 다섯 유형의 선생님들을 차례대로 만나보도록 하자.

01

대담한 통솔자 선생님
(수업다양성-수업명료성-수업몰입성)

대담한 통솔자

    수업성숙도 척도 중 수업다양성과 수업명료성, 그리고 수업몰입성이 동시에 두드러지는 성격유형이 있다. 바로 '대담한 통솔자' 선생님이다. 통솔자 선생님은 냉철한 판단력과 진취적인 사고로 가장 합리적인 수업목표를 수립하고 그 목표에 도달하도록 아이들을 불도저처럼 무섭게 몰아붙여 소기의 성과를 얻어내는 데 탁월한 능력을 보인다. 아무리 어렵고 힘든 학급을 맡더라도 성취 가능한 도전과제를 세워 아이들에게 제시하며 각자 책임을 다해 목표실현을 하도록 진두지휘를 잘 한다. 그러다 보니 아이들이 바짝 긴장하고 수업에 참여하며 자신의 능력 이상의 우수한 학습결과물을 산출하는 사례가 많아진다. 뿐만 아니라 통솔자 선생님 주변의 동료 교사들을 설득해 학급을 넘어 학교 전체에 대한 이미지까지 혁신하려는 성취욕을 불사르곤 한다.

통솔자 선생님의 이런 추진력은 수업다양성과 수업명료성, 그리고 수업몰입성의 조화를 통해 완성된다. 특히 한 번 목표를 세우면 무서운 집중력을 발휘해 소기의 성과를 거두는 수업다양성 기질이 가장 큰 영향을 미친다. 통솔자 선생님의 경우 어떤 형식으로든지 자신이 세운 수업목표에 도달했을 때 그 누구보다도 충만한 행복감을 느낀다. 또한 수업명료성 기질로 인해 자신이 누린 수업의 행복감을 아이들과 주변 동료 교사들에게 전해주는 것을 그의 사명으로 여긴다. 그리고 수업몰입성 기질로 인해 그 사명을 아주 고집스럽게 밀어붙이는 힘을 발휘해 나간다. 한마디로 통솔자 선생님의 행보는 늘 거침없이 과감하며 주변의 동료 교사들과 아이들을 독려하여 이루어내는 성취결과가 우수한 경우가 많다. 거기에 전체를 아우르는 직관과 통찰력까지 뛰어나 위기상황에 능숙하게 대처하고, 아이들의 잠재능력을 발굴하여 성공할 수 있도록 이끌어준다.

이런 통솔자 선생님의 위대한 과업에도 불구하고 섬세함과 따뜻함이 요구되는 수업효과성은 그의 가장 큰 약점이기도 하다. 특히 아이들과 대화할 때 눈높이를 맞추며 대화하는 섬세한 감정 표현은 그의 전공분야가 아니다. 아이들의 자발적이고 민주적인 참여를 통한 배움중심 수업 등은 오히려 통솔자 선생님의 재능을 위축시키기까지 한다. 그러다 보니 사람보다 시스템에 의존하는 경향이 생기며, 감정이 아닌 이성으로 판단하여 보다 계획적인 수업에 치중한다. 통솔자 선생님이 생각하기에 잘 짜여지고 준비된 수업이 보다 완벽하고 의미 있는 수업이 될 거라 판단한다. 그러나 완벽한 수업보다 때로는 아이들에게 먼저 진정성을 가지고 다가서는 것이 더 중요하다는 점을 잊으면 안 된다. 겉보기에 화려하고 만족스러운 수업 결과를 얻었다 할지라도 그로 인해 오히려 상처받은 아이들이 있다면 그 결과는 오래 지속되지 못할 것이다. 통솔자 선생님의 생각처럼 보다 완전한 시스템을 갖추려면 그 안에 아이들이 있는지 먼저 성찰해야 할 것이다.

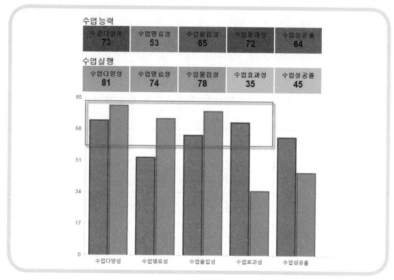

통솔자 선생님의 수업성숙도: '수업다양성-수업명료성-수업몰입성'이 돋보이다!

'대담한 통솔자' 선생님의 수업성숙도를 보면 수업다양성과 수업명료성, 그리고 수업몰입성이 두드러진다. 특히 수업실행 지수에서 확실하세 드러나 현재 교실에서 통솔자 선생님으로서의 역할을 수행하고 있음을 확인할 수 있다. 통솔자 선생님의 겉모습은 학급에 대한 기대치가 높고 아이들이 보다 완벽하게 수업에 임하길 바라기 때문에 냉혹한 완벽주의자로 비칠 때가 많다. 그런 완벽함과 대담함이 통솔자 선생님이 가르치는 아이들에게 잘 통한다면 그야말로 모범이 될 만한 멋진 학급이 연출될 것이다. 그러나 아이들이 통솔자 선생님의 위엄과 빠르기를 쫓아오지 못한다면 위 수업성숙도처럼 오히려 위축되는 상황이 올 수도 있다. 위 수업성숙도의 수업실행 지수만 보더라도 수업다양성과 수업명료성, 그리고 수업몰입성이 높이 올라온 반면 수업성공률의 수업실행 지수는 오히려 낮게 나타난 것을 확인할 수 있다. 아마도 아이들은 쫀쫀한 통솔자 선생님을 만나 최선을 다하고 있을지도 모른다. 다만 통솔자 선생님 스스로 아이들의 자발성이 떨어지는 모습에 수업성공률에 대한 자신감을 잃어버렸을 수도 있다.

선생님의 열정과 노력에 비해 만족할 만한 수업성공률이 나타나지 않는 상황을 극복하기 위해서는 선생님의 본래 기질을 더 깊이 있게 성찰해보면 도움이 된다. 특히 수업성숙도에서는 수업능력 지수를 중점적으로 살펴볼 필요가 있다. 위 수업성숙도의 경우에는 수업다양성과 수업몰입성, 그리고 수업효과성이 두드러지는 '열정적인 중재자' 기질에 수업위치가 있음을 알 수 있다. 중재자 선생님은 보통 상냥한 성격의 이타주의자로 건강하고 명랑한 학급 세우기에 앞장서는 특징이 있다. 즉 엄격한 통솔자 선생님의 모습도 좋지만 현재 교실 아이들에게는 열정적인 중재자 선생님의 역할이 더 중요할지도 모른다. 수업성숙도로 말하자면 수업효과성 영역의 수업능력이 높은 반면 수업실행이 전혀 이루어지지 않고 있다는 것에 주목할 필요가 있다. 만일 수업효과성의 수업실행이 조금 더 활기를 찾는다면 수업성공률 역시 조금씩 만족 상태로 회복될 것으로 보인다.

02
정의로운 사회운동가 선생님
(수업다양성-수업명료성-수업효과성)

정의로운 사회운동가

수업성숙도 척도 중 수업다양성과 수업명료성, 그리고 수업효과성이 동시에 두드러지는 성격유형이 있다. 바로 '정의로운 사회운동가' 선생님이다. 사회운동가 선생님은 넘치는 카리스마와 충만한 열정으로 학급을 압도하면서도 진심 어린 관심과 배려로 수업을 포근하게 전개해간다. 때로는 장난꾸러기 아이들의 숨은 의도나 동기를 잘 간파하면서도 넓은 아량으로 용서해주고, 특유의 재치와 입담으로 아이들을 설득하여 학급공동체를 세우는 데 탁월한 능력을 보인다. 특히 학급이 나아가야 할 공동의 목표를 뚜렷하게 제시하여 어느 누구도 소외되지 않고 수업에 참여할 수 있도록 이끌어가는 참 지도자의 모습을 보여준다. 대부분의 아이들은 그런 사회운동가 선생님의 진심을 받아들이고 최선을 다해서 자신의 능력 이상을 발휘하려고 노력한다.

사회운동가 선생님의 이런 영향력은 수업다양성과 수업명료성, 그리고 수업효과성의 조화를 통해 더 빛을 발한다. 특히 사회운동가 선생님의 수업다양성은 아이들 전체를 품을 수 있는 넓은 시야를 확보하는 데 도움을 주고, 수업을 보다 포괄적인 관점으로 받아들여 끊임없이 긍정적인 도전을 하도록 만들어준다. 그의 거침없는 도전은 수업효과성을 통해 아이들에게 진정성 있게 다가서는 마력을 내뿜고, 수업명료성을 통해 치밀한 계획을 세우는 진중함을 보인다. 또한 세상의 빛과 소금이 되려는 사회운동가 선생님의 선한 열정은 탁월한 웅변기술에 힘입어 학급 아이들과 주변 동료 교사들의 마음을 단숨에 사로잡기도 한다. 누구나 실천해야 한다는 사실은 알지만 선뜻 나서지 못하고 있을 때 사회운동가 선생님의 웅변은 공동체에 큰 파장을 일으켜 모두를 일으켜 세우는 계기를 만든다. 아이들의 경우 사회운동가 선생님의 거칠면서도 섬세한 학급운영으로 인해 금세 수업에 매료되어 배움의 과정을 즐기곤 한다.

반면 사회운동가 선생님의 정의로운 행보에도 불구하고, 객관적인 분석력이 요구되는 수업몰입성은 그의 약점이기도 하다. 아이들의 모든 문제를 책임지고 해결하려는 사회운동가 선생님의 과도한 이타주의적 성향이 오히려 교사로서의 발목을 잡기 때문이다. 물론 담임교사로서 자신이 맡은 학급을 바로 세우고 아이들을 독려하여 참교육을 실현하려는 그의 의지는 박수를 받아 마땅하다. 그러나 교실의 문제를 넘어 학교 밖 문제로 번지는 경우 감정과 이성을 객관적으로 분리해 접근하는 것이 지혜가 될 수 있음을 기억해야 한다. 누구나 사회운동가 선생님을 만나면 그의 특유한 열정에 사로잡혀 새로운 세상을 꿈꾸기 마련이다. 심지어 학급 아이들은 좋은 사회운동가 선생님을 만나면 인생의 멘토로 삼을 정도로 그 매력에 빠지곤 한다. 다만 더 밝고 정의로운 사회를 만들기 위해서는 조급하게 접근하는 것보다 충분한 시간이 필요함을 기억하자.

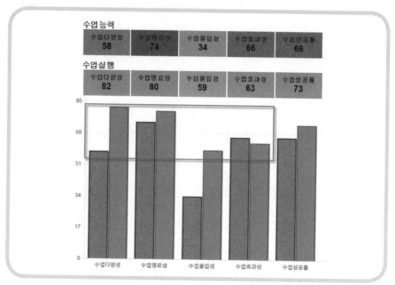

사회운동가 선생님의 수업성숙도: '수업다양성-수업명료성-수업효과성'이 돋보이다!

'정의로운 사회운동가' 선생님의 수업성숙도를 보면 수업다양성과 수업명료성, 그리고 수업효과성이 두드러진다. 그중 수업다양성이 가장 높게 올라와 그의 개방적이면서도 진취적인 성향을 쉽게 짐작할 수 있다. 특히 위 수업성숙도처럼 수업다양성과 수업명료성의 수업실행 지수가 유독 높게 치솟아 있다면 겉모습으로는 '모험을 즐기는 사업가' 선생님의 모습도 살짝 엿보일 수 있다. 어떤 성향의 겉모습을 보이든지 간에 수업성공률이 높고 안정적으로 나타나 현재 교실 아이들의 수업참여율 역시 높고 의사소통이 원만하게 잘 이루어질 것으로 보인다. 수업실행 지수뿐만 아니라 수업능력 지수를 보아도 수업성공률이 만족 상태를 나타내, 사회운동가 선생님이 얼마나 안정적으로 수업을 하고 있을지 짐작이 된다. 이런 사회운동가 선생님의 열정은 그의 약점이라고 할 수 있는 수업몰입성 영역에서도 드러난다. 수업몰입성의 수업능력이 매우 낮은 반면 수업실행 지수가 높게 올라와 있는 것을 통해서도 확인할 수 있다.

위 수업성숙도에서 수업능력 지수만 본다면 수업다양성보다 수업명료성과 수업효과성이 더 두드러지는 '사교적인 외교관' 기질에 수업위치가 있음을 알 수 있다. 선생님의 본래 기질이 조금 더 부드러워서 그런지는 몰라도 사회운동가 선생님의 성향이 강함에도 불구하고 수업성숙도 전반적으로 매우 안정적인 그래프를 그려내고 있다. 특히 사회운동가 선생님의 절제된 진중함은 수업명료성과 수업효과성을 보다 안정적으로 나타내고 있다. 이는 두 영역에서 수업능력과 수업실행 지수가 거의 비슷하게 만족 상태로 올라와 있는 것을 통해 확인할 수 있다. 반면 수업다양성과 수업몰입성 척도에서는 수업능력 지수에 비해 수업실행 지수가 높게 올라와 사회운동가 선생님의 긍정적인 움직임을 읽을 수 있다. 그 차이가 과도하게 커지면 수업 스트레스의 원인이 될 수 있으니 신중한 접근이 필요하다. 정의로운 학급운영을 위한 사회운동가 선생님의 신중한 행보로 인해 공동체의 비전을 세우고 꿈을 향해 달려가는 아이들이 더 많아지길 기대해본다.

03
사교적인 외교관 선생님
(수업명료성-수업효과성-수업다양성)

사교적인 외교관

사회운동가 선생님의 수업다양성에 비해 수업명료성과 수업효과성에서 두각을 보이는 성격유형이 있다. 바로 수업명료성과 수업효과성, 그리고 수업다양성이 두드러지는 '사교적인 외교관' 선생님이다. 외교관 선생님은 천성적으로 사교적인 성향이며, 아이들의 모든 일상을 면밀히 관찰하여 우호적인 관계형성에 능하다. 아이들의 사소한 이야기도 귀 기울여 들어주고, 교실생활에서도 늘 섬세하게 챙겨주기 때문에 인기 만점 선생님으로 유명하다. 수업시간에도 매우 친절하게 개념을 설명하며, 학습에 어려움을 겪는 아이들을 돕기 위해 작은 이벤트를 준비하곤 한다. 뿐만 아니라 자신이 맡은 아이들이 졸업 후에도 사회의 소중한 일원이 될 수 있도록 자신의 힘과 지위를 활용해서라도 도와주려고 노력한다.

외교관 선생님의 이런 사교적인 행보는 수업명료성과 수업효과성, 그리고 수업다양성의 조화를 통해 완성된다. 이 중 수업명료성과 수업효과성의 조합은 '용감한 수호자' 선생님의 모습을 엿볼 수 있게 한다. 다만 아이들에 대한 헌신과 돌봄의 시작이 외교관 선생님에 대한 진심 어린 존경과 가치 있는 권위로 이어지길 원한다는 측면에서 약간의 차이가 있다. 또한 외교관 선생님의 수업다양성 기질로 인해 자신이 생각하는 질서 체계를 교실 내에서 안정적으로 세워가는 데 앞장서기도 한다. 그러면서도 외교관 선생님의 활발한 성격 덕분에 교실은 늘 화기애애하며, 친구들을 서로 도와주는 분위기가 잘 형성되도록 이끌어간다. 혹여 교실 내 크고 작은 다툼으로 인해 긴장감이 조성된다면 수업시간과 쉬는 시간을 가리지 않고 아이들을 화해시키고 보다 안정적인 교실이 되도록 많은 에너지를 소모한다. 또한 외교관 선생님의 밝은 에너지를 활용해 동료 교사들의 모임에서도 중재자 내지 조정자 역할을 잘 수행한다.

반면 외교관 선생님 역시 사회운동가 선생님처럼 객관적인 분석력이 요구되는 수업몰입성이 약점이다. 외교관 선생님의 권위에 수긍하는 아이들 앞에서는 중재자 역할을 톡톡히 해내지만, 권위를 비판받는 상황에서는 제대로 조정되지 않아 오히려 큰 상처를 받기도 한다. 또는 자신의 사회적 지위와 권력으로도 아이들을 도와줄 수 있는 방법을 찾지 못할 때는 낙심하고 좌절하여 잘 헤어나지 못하는 상황을 맞기도 한다. 즉 사교적인 외교관 선생님의 밝고 명랑한 에너지가 아직 그 권위가 통하지 않을 정도로 미성숙할 때는 아이들을 도와주지 못하는 자신을 원망하기까지 한다. 이런 마음의 딜레마에서 빠져나오려면 오히려 느긋하게 마음먹고 외교관 선생님 본연의 일에 충실할 필요가 있다. 외교관 선생님이 잘 하는 것처럼 긍정적인 에너지로 학교에서 생활하다 보면 오히려 보다 큰 영향력을 갖게 되며, 그 순수한 권위를 통해 더 많은 아이들을 도와주게 될 것이다.

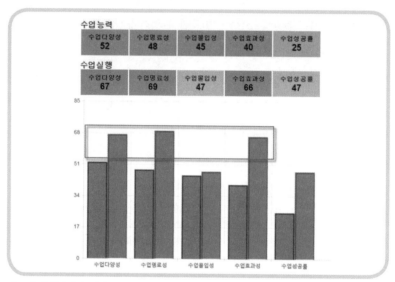

외교관 선생님의 수업성숙도: '수업명료성-수업효과성-수업다양성'이 돋보이다!

'사교적인 외교관' 선생님의 수업성숙도를 보면 수업명료성과 수업효과성, 그리고 수업다양성이 돋보인다. 특히 수업실행 지수에서 확실하게 드러나 현재 교실에서 외교관 선생님으로서의 역할을 수행하고 있음을 알 수 있다. 외교관 선생님은 아이들과 활발하게 소통하며 그들이 겪는 어려움을 해결해주기 위해 늘 노력하기 때문에 아이들에게 인기가 많다. 수업시간에도 아이들 개개인의 특성을 파악하여 수준별 수업을 실시하거나 모둠별 활동을 통해 서로 도와주고 격려하도록 잘 이끌어준다. 만일 아이들이 그런 외교관 선생님의 지도에 잘 순응한다면 수업성숙도의 수업성공률이 만족 상태로 나타날 것이다. 그런데 위 수업성숙도처럼 수업성공률이 기준점수 이하로 나타났다면, 현재 외교관 선생님 스스로 수업에 대한 자신감을 잃어버린 경우라고 할 수 있다.

수업성숙도의 수업실행 지수만 보았을 때는 사교적인 외교관 선생님으로서의 성향이 뚜렷하여 그 역할을 잘 할 것으로 판단된다. 하지만 수업성공률이 낮은 경우라면 외교관 선생님의 사교성에도 불구하고 교실에 뭔가 풀리지 않는 문제가 있을 수 있다. 더군다나 수업성숙도의 수업능력 지수가 전반적으로 너무 낮게 나타나 있어 선생님의 기질을 파악할 수 없고, 그 해결책을 찾기도 쉽지 않아 보인다. 분명한 것은 수업다양성과 수업명료성, 그리고 수업효과성 영역에 걸쳐 외교관 선생님의 부단한 노력이 있었지만 이를 뒷받침할 수 있는 수업능력이 전혀 갖추어져 있지 않다는 점이다. 즉 수업성숙도에서 수업능력 지수가 낮은 건 아이들을 어떻게 지도해야 할지 방향을 잃어버리고 확신이 없다는 뜻이기도 하다. 외교관 선생님의 경우 아이들로부터 그 권위를 인정받지 못하거나 또는 아이들이 너무 어려서 철이 없을 때 이런 현상이 발생하곤 한다. 그럼에도 불구하고 현재 교실에서 아이들과 소통하기 위해 부단히 노력하는 외교관 선생님이라면 미성숙한 아이들을 변화시켜 교실 수업이 조금씩 호전되는 것을 볼 수 있을 것이다. 다만 그 과정 중 수업 스트레스가 심해질 수 있으니 변화의 속도를 조금 느긋하게 잡고 여유롭게 즐기면서 진행하는 것이 필요해 보인다.

04

열정적인 중재자 선생님
(수업다양성-수업몰입성-수업효과성)

열정적인 중재자

외교관 선생님의 수업명료성과 달리 수업성숙도 척도 중 수업다양성과 수업몰입성, 그리고 수업효과성이 동시에 두드러지는 성격유형이 있다. 바로 '열정적인 중재자' 선생님이다. 중재자 선생님은 최악의 상황에서도 아이들의 잠재능력을 믿고 수업에 임하며 가슴을 울리는 이야기를 통해 아이들을 독려하는 데 열징적이다. 또한 아이늘을 참여시켜 더 나은 수업을 만들고자 노력하는 진정한 이상주의자로, 아이들이 중재자 선생님의 충만한 영감을 경험하도록 지식의 세계로 아이들을 초대한다. 이를 위해 넘치는 즐거움으로 새로운 수업을 개척하고, 아이들이 수업에 몰입하여 배움의 과정으로 들어가도록 성심을 다해 지도한다. 가끔 자신이 헌신할 교실을 찾지 못한 경우에는 더 나은 수업을 준비하기 위해 자기만의 동굴로 깊이 들어가 숙고의 시간을 가지기도 한다.

중재자 선생님의 그런 순수한 열정은 수업다양성과 수업몰입성, 그리고 수업효과성의 조화를 통해 완성된다. 가끔 깊이 있는 사고과정으로 인해 수업몰입성과 수업효과성이 두드러지는 '논리적인 사색가' 선생님의 모습을 엿볼 수도 있다. 그러나 중재자 선생님의 수업다양성으로 인해 교실로 다시 돌아와 자기만의 충만한 즐거움과 넘치는 영감을 과감하게 선보인다. 늘 침착하게 판단하고 움직이기 때문에 수줍음이 많은 것처럼 보이지만 사실은 좋은 수업에 대한 열정으로 똘똘 뭉친 선생님이다. 수업을 통해 아이들의 성장을 모색하려는 중재자 선생님의 열정만큼은 누구보다 순수하며 의미 있는 수업개선을 통해 실천에 옮기려는 의지가 강하다. 이를 위해 말이 통하고 마음이 맞는 동료 교사를 찾아다니며 변화와 혁신을 위한 자신의 이상적인 실천계획을 허심탄회하게 털어놓고 이야기하길 좋아한다.

반면 중재자 선생님의 그런 순수한 열정에도 불구하고, 냉철함이 요구되는 수업명료성은 그의 약점이기도 하다. 좋은 수업에 대한 이상주의적 사고를 교실 현장에 적용하기 위해서는 아이들을 체계적으로 관리해야 하는데 중재자 선생님의 경우 아이들에게만 맡겨두는 경향이 있다. 아이들 스스로 중재자 선생님의 멋진 아이디어를 받아들여 자기만의 빛깔로 독창적인 작품을 만들어내길 원한다. 그러나 미성숙한 아이들일수록 교사의 열정만큼이나 체계적이고 단계적인 지도가 필요함을 잊어서는 안 된다.

만일 중재자 선생님이 심취해 있는 좋은 수업의 방안이 있다면 혼자만 고민하지 말고 주변 동료 교사들과 적극적으로 이야기를 나눌 필요가 있다. 이는 중재자 선생님의 장점을 살리면서도 그의 약점인 수업명료성을 보완하는 지름길이 될 것이다. 그의 독창적인 아이디어가 교실분위기와 현실적으로 맞아 떨어진다면 수업의 변화와 혁신은 보다 쉽게 이루어질 것이다. 중재자 선생님의 수업열정이 아이들과 잘 융화될 수 있도록 보다 전략적인 접근이 필요하다.

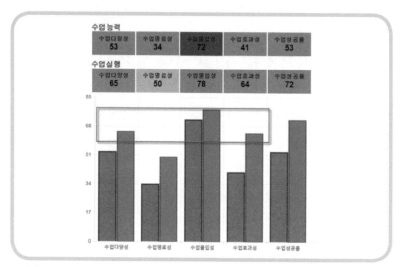

중재자 선생님의 수업성숙도: '수업다양성-수업몰입성-수업효과성'이 돋보이다!

'열정적인 중재자' 선생님의 수업성숙도를 보면 수업다양성과 수업몰입성, 그리고 수업효과성이 두드러진다. 특히 수업실행 지수를 보면 중재자 선생님의 열정이 세 척도에 걸쳐 나타남을 확인할 수 있다. 중재자 선생님은 상냥한 성격의 이타주의자로 건강하고 명랑한 학급 세우기에 앞장선다. 또한 아이들의 긍정적인 면을 찾아 더 나은 수업을 만들고자 조용하면 서도 열정적으로 노력하는 선생님이다. 늘 자신의 독창적인 아이디어를 수 업에 반영하여 좋은 수업을 만들기를 원하기 때문에 그만큼 수업성공률 에 대한 의지도 강한 편이다. 위 수업성숙도에서도 그런 중재자 선생님의 의지가 잘 나타나 있다. 즉 수업성공률의 수업실행 지수가 높게 나타나 있 는 것으로 보아 수업이 성공할 거라는 믿음이 충만한 것으로 보인다. 다만 수업성공률의 수업능력 지수가 낮은 것으로 볼 때 수업성공에 대한 믿음 과 달리 아이들의 수업참여는 다소 저조해 보인다.

이는 중재자 선생님의 순수한 열정에도 불구하고 수업능력과 수업실행 지수 간 격차가 벌어져 불만족 상태가 지속되었기 때문이다. 특히 4가지 핵심 척도 중 중재자 선생님의 강점이라고 할 수 있는 수업효과성에서도 그런 불만족 상태를 보이고 있는 점에 주목해야 한다. 즉 수업효과성의 수 업능력 지수가 수업실행 지수에 비해 현저히 낮게 나타나는 것으로 보아 이 영역에서 수업 스트레스가 많아 보인다. 어쩌면 상냥하고 이타주의적인 중재자 선생님의 성향이 교실 아이들의 활달한 기질과 충돌하기 때문일 것이다. 사실 수업명료성은 중재자 선생님의 약점이므로 어쩔 수 없다 하 더라도 수업다양성 척도는 적절히 드러나는 것이 좋다. 만일 수업다양성의 수업능력 지수가 올라와 수업실행 지수와 비슷해진다면 아마도 중재자 선 생님의 교실 분위기는 조금 더 활발해졌을 것이다. 수업능력 지수만 보면 수업몰입성만 두드러지는 '논쟁을 즐기는 변론가' 기질에 수업위치가 있는 것으로 보인다. 중재자 선생님의 독창적인 수업 아이디어를 교실에 적용하 려면 변론보다는 전체 아이들의 시선을 사로잡아가는 지혜가 더 필요해 보인다.

05

청렴결백한 논리주의자 선생님
(수업명료성-수업몰입성-수업효과성)

청렴결백한 논리주의자

　수업성숙도 척도 중 수업명료성과 수업몰입성, 그리고 수업효과성이 동시에 두드러지는 성격유형이 있다. 바로 '청렴결백한 논리주의자' 선생님이다. 논리주의자 선생님은 수업을 객관적으로 분석하고 현실적으로 실행 가능한 계획을 세우기 때문에 수업을 성공적으로 이끄는 경우가 많다. 또한 아이들의 잠재능력을 계발할 수 있는 구체적인 실천방안을 아이들에게 인지시켜 즉시 실행에 옮기도록 독려하는 데 탁월한 능력을 보인다. 아이들과 한 번 약속한 것은 반드시 이행하려고 노력하며 시간과 예산을 함부로 사용하지 않는 청렴결백한 성향으로 인해 다소 차갑게 느껴지는 경우가 많다. 특히 아이들의 거짓말을 가장 싫어하며 자신의 행동에 대한 책임감을 강조하고 본인 역시 늘 청렴결백한 생활을 유지하려고 노력한다.

논리주의자 선생님의 이런 청렴결백함은 수업명료성과 수업몰입성, 그리고 수업효과성의 조합에 의해 완성된다. 특히 수업명료성과 수업몰입성의 조합은 철저하게 사실에 근거한 전략을 세워 보다 거시적인 관점에서 교육을 바라보는 안목을 갖게 해준다. 거기에 수업효과성이 더해져 감정보다는 정직함을 더 우선시하게 되며, 아이들의 목소리를 수업에 반영해 의미 있는 수업결과를 잘 이끌어낸다. 또한 논리주의자 선생님이 맡고 있는 아이들에게 수업의 전체흐름을 이야기해주고, 수업자의 의도를 공유하여 아이들의 주도적인 참여를 잘 유도해간다. 뿐만 아니라 논리주의자 선생님이 맡은 아이들에 대한 책임의식이 강해 학생 개개인에 대한 객관적 분석과 돌봄에 끊임없이 헌신하는 편이다. 이는 교육을 통해 청출어람을 실천하려는 그의 의지에 기반하며 실제로도 자기보다 더 나은 인재를 양성하기 위해 최선을 다하는 논리주의자 선생님을 쉽게 만나볼 수 있다.

반면 논리주의자 선생님의 청렴결백한 노력에도 불구하고 도전정신의 에너지가 요구되는 수업다양성이 그의 약점이다. 아이들에게는 수업을 통해 세상을 보다 거시적인 관점에서 바라보고 구체적인 실천을 강조하면서도, 정작 본인은 활발한 움직임보다는 지적인 사고과정에만 치중할 때가 많다. 물론 수업공간이 늘 현실세계와 맞닿아 있을 수는 없지만 배운 지식을 아이들의 생활공간으로 연결하는 과정이 얼마나 소중한지는 잘 알고 있다. 그러다 보니 논리주의자 선생님의 가르침을 직접 몸으로 실천하여 교실 공간에서 적지 않은 파란을 일으키는 제자들이 나오기도 한다. 선생님의 부족한 수업다양성을 챙겨주는 아이들이 있는가 하면, 잘 조직된 논리주의자 선생님의 수업을 통해 본인 스스로 실력을 쌓아가는 아이들도 있다. 따라서 수업의 안정과 효율성을 위해 묵묵히 헌신하는 논리주의자 선생님이 교실에서 자기 위치를 당당히 지키도록 지지해줄 필요가 있다. 만일 논리주의자 선생님의 수업 아이디어를 교실에 적용할 수 있도록 조금만 힘을 실어준다면 효과적인 수업을 보다 빠르게 실천할 수 있을 것이다.

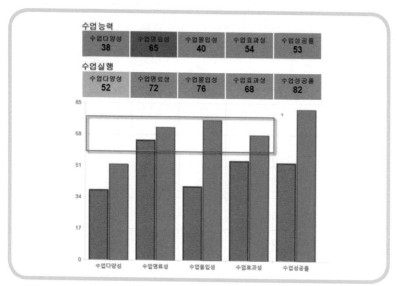

논리주의자 선생님의 수업성숙도: '수업명료성-수업몰입성-수업효과성'이 돋보이다!

'청렴결백한 논리주의자' 선생님의 수업성숙도를 보면 수업명료성과 수업몰입성, 그리고 수업효과성이 두드러진다. 특히 수업실행 지수에서 세 척도가 뚜렷하게 돋보이는 경우 현재 교실에서 논리주의자 선생님 역할을 잘 수행하고 있다고 볼 수 있다. 논리주의자 선생님의 겉모습은 청렴결백하면서도 실용적인 논리와 헌신으로 수업에 임하는 조용한 열정주의자로 보인다. 더구나 위 수업성숙도처럼 수업실행 지수가 수업능력 지수에 비해 더 두드러지는 경우 현재 목표달성을 위해 더욱 냉철하게 헌신하고 있음을 짐작할 수 있다. 아마도 이런 논리주의자 선생님과 함께 공부하는 아이들은 논리주의자 선생님의 열정과 책임감에 매료되어 수업에 열심히 참여할 것이다. 다만 아이들의 그런 수업참여가 수동적이라면 그리 좋은 수업결과는 기대하기 어렵다. 이는 수업성공률의 수업능력 지수가 수업실행 지수에 비해 월등히 낮은 것을 통해 알 수 있는 부분이다. 즉 수업성공률의 불만족 상태는 장기적으로 볼 때 성찰이 많이 필요하며, 논리주의자 선생님이 자신감을 상실하는 원인이 될 수도 있음을 기억해야 한다.

따라서 논리주의자 선생님의 청렴결백한 수업열정에 보충이 필요한 영역을 성찰해야 한다. 예를 들어 위 수업성숙도에서 보면 논리주의자 선생님의 강점인 수업몰입성과 수업효과성에서도 수업능력이 낮게 나타난 점에 주목해야 한다. 이런 현상은 수업몰입성에서 가장 심각한데 아이들이 수업에 자발적으로 참여해 상호협력을 통해 배움의 과정에 이르도록 기다려주는 데 어려움을 겪는 것으로 보인다. 더군다나 수업능력 지수만 보면 수업명료성만 올라오는 '엄격한 관리자' 기질에 수업위치가 있음을 알 수 있다. 즉 논리주의자 선생님의 치밀한 수업준비가 빛을 발하기 위해서는 수업명료성뿐만 아니라 수업몰입성과 수업효과성이 함께 녹아들어가도록 조금 더 여유로운 수업태도를 견지할 필요가 있다. 아마도 수업의 여백이 주어지면 아이들의 수업참여가 늘어나게 되고, 논리주의자 선생님이 바라는 인재양성 프로젝트가 보다 수월하게 풀려갈 것이다.

5부

정민수 선생님의 역량강화교수법, 당신의 강점이 위대한 수업을 만든다

[제1유형]
재주꾼 :
창의성을 발산하게 하라

톰 크루즈(출처: 위키피디아)

　자유분방한 재주꾼 아이들은 교실을 정신없이 돌아다니며 재미와 호기심거리를 찾아다닌다. 그러다가 정말 관심이 가는 소재라도 만나면 미친 듯이 집중하며 무섭게 매달리기까지 한다. 이들은 크고 작은 실패를 두려워하지 않으며, 사소한 거라도 직접 체험하며 경험을 통해 지식을 습득하려고 한다. 이런 재수꾼 아이들이 규범과 질서를 강조하는 학교문화와 잘 맞지 않는 것은 당연한 일일지도 모른다. 그러다 보니 상당수의 재주꾼 아이들이 학교에 적응하기 힘들어하거나 문제아로 낙인찍히곤 한다. 그러나 재주꾼 아이들이 자신이 좋아하는 도구를 만나면 이야기가 달라진다. 워낙 손재주가 뛰어나고 도구를 다루는 능력이 탁월하기 때문에 도구를 통해 친구들을 도와주고 실습수업에서 두각을 보여 선생님에게 칭찬을 받기도 한다.

그런 만능 재주꾼의 성격유형으로 성공한 사나이가 있다. 우리가 잘 알고 있는 영화배우이자 제작자인 톰 크루즈다. 수많은 영화에 출연한 톰 크루즈를 본 사람이라면 영화에 대한 그의 집중력이 얼마나 큰지 쉽게 알수 있을 것이다. 톰 크루즈와 함께 8개월에 걸쳐 영화 시나리오 작업을 했던 더그 라이먼 감독의 이야기를 들어보면, 그는 성실한 배우를 넘어 한 영화의 창작자라고 증언한다. 톰 크루즈는 일단 영화작업이 시작되면 그것이 완벽하게 마무리될 때까지 절대로 멈추지 않는 열정을 쏟아붓는다. 자신의 모든 에너지를 죽을 각오로 영화제작에 모두 쏟아붓는 톰 크루즈가 스타덤의 권좌에 늘 머물러 있는 것은 당연한 일일지도 모른다. 우리가 맡고 있는 재주꾼 아이들도 이런 멋진 인생을 살면 얼마나 좋을까? 그러기 위해서는 그들이 지닌 자유분방한 에너지를 쏟아부을 수 있는 곳을 찾아주어야 한다. 물론 때가 되면 우리가 찾아주지 않아도 자신의 목표를 향해 마음껏 비상하겠지만 그 전까지는 세밀한 도움의 손길이 필요하다.

만일 재주꾼 아이가 자라서 선생님이 되었다면 그의 자유분방한 수업을 이해해야 한다. 겉으로 볼 때는 좌충우돌하는 것 같지만 아이들이 직접 다양한 체험을 통해 산지식을 얻어가도록 생생한 교육을 할 때가 많다. 재주꾼 선생님은 기본적으로 경험을 통해 얻은 지식만이 장기적으로 볼 때 의미 있다고 생각하기 때문이다. 그러니 오히려 재주꾼 선생님이 자유롭게 행동하고 싶은 욕구를 발산하도록 만들어줄 필요가 있다. 체험이나 놀이식 수업을 통해 배움을 향한 선한 경쟁이 넘칠 때 더욱 박진감 넘치는 수업이 될 수 있다. 또한 재주꾼 선생님 본인이 지금까지 살아오면서 겪었던 수많은 경험들을 수업에 녹여낼 수 있다면 더욱 효과적이다. 특히 본인이 실패했던 경험들을 수업에 활용하면 오히려 아이들에게 올바른 길을 제시해줄 수 있다. 다만 재주꾼 선생님의 일방적인 수업보다는 그 눈높이를 아이들에게 맞춰 아이들과 소통하는 수업을 진행해야 한다. 그래야 보다 효과적으로 재주꾼 선생님만의 수업성공률을 높일 수 있을 것이다.

[제2유형]
관리자:
책임과 의무를 다하게 하라

존 데이비슨 록펠러(출처: 위키피디아)

　매사 근면하고 성실한 관리자 아이들은 교실에서 늘 모범생으로서의 위치를 지킨다. 수업에 임하는 태도는 착실하며 선생님이 내준 과제는 최선을 다해서 해결하려고 노력한다. 관리자 아이들은 정상에 이르기 위해서는 단계를 밟아 수많은 연습을 통해 땀과 노력을 기울여야 한다고 믿는다. 그러니 누가 시키지 않아도 자기 진보를 위한 연습에 늘 충실하며 성실한 행동으로 친구들에게 본보기가 될 때가 많다. 일반적으로 관리자 아이들은 전통과 규범에 순응적이어서 질서가 바로 잡혀 있는 학급을 선호한다. 만일 담임 선생님이 일관성을 가지고 교실에 명확한 질서를 수립해간다면 관리자 아이들은 그 권위에 복종하며 더 열심히 노력하는 학생이 될 것이다. 그러나 반대로 재주꾼 선생님처럼 좌충우돌식 학급경영을 펼친다면 관리자 아이들은 그 권위에 도전하고 싶을 정도로 몹시 괴로워한다. 또한 관리자 아이들의 특성상 무질서한 학급 안에서라도 자기만의 질서를 세워나가야 하기 때문에 무척이나 힘들어한다.

이런 엄격한 관리자의 성격유형을 대표하는 인물로는 미국의 석유 재벌 존 데이비슨 록펠러를 들 수 있다. 록펠러는 미국에서 생산되는 석유의 95%를 손에 쥐고 절대적인 독점을 행사했던 인물이다. 그의 자산가치는 현재의 빌 게이츠의 3배 정도였지만, 또한 엄청난 기부금을 낸 자선사업가로도 알려져 있다. 세계의 재벌들은 그런 록펠러의 경영기법과 근검절약을 따라하려고 노력하고 있다. 그러나 록펠러에 대한 시각은 지금도 엇갈리고 있다. 이는 록펠러에 관한 대표적인 책이 2가지로 나뉘어 있는 것을 통해서도 알 수 있다. 먼저 《록펠러家의 사람들》은 록펠러가의 흥망성쇠를 비판적인 안목으로 다루었다. 한편 《록펠러: 십일조의 비밀을 안 최고의 부자》는 기독교인으로 살았던 록펠러의 올곧은 삶을 긍정적으로 다루고 있다. 어찌되었든 하루도 빼놓지 않고 장부를 기록하고 한 푼도 소홀히 하지 않았던 그의 인생은 회계장부 그 자체라고 평가할 수도 있을 것이다.

록펠러처럼 자기 스스로 엄격한 삶을 살아왔던 관리자 성격의 소유자가 선생님이 되었다면 자신의 바른생활을 강점으로 가지는 경우가 많다. 관리자 선생님은 학교문화로 받아들여지는 일반적인 통념이나 전통 등 필요한 질서를 정립하는 데 크게 이바지하기도 한다. 그러니 관리자 선생님의 강점을 드러내려면 교실의 질서를 정립하고, 각자가 맡은 일에 책임을 다하도록 학급분위기를 조성해갈 필요가 있다. 특히 교실에 관리자 선생님의 강직함과 질서정연함을 잘 따라오는 아이들이 많다면 보다 효과적인 수업을 위해 명료하면서도 단계적인 수업을 계획하여 적용하는 것이 더 좋은 방법이 될 수도 있다. 다만 관리자 선생님의 냉철한 엄격함에 기가 눌려 앞에 나서지 못하고 주눅 드는 아이는 없는지 섬세하게 살펴봐야 한다. 관리자 선생님의 의도와 상관없이 그 엄격함이 차갑게 표현될 때가 자주 있기 때문이다.

[제3유형]
변론가:
탐구 과제에 몰입시켜라

토마스 에디슨(출처: 위키피디아)

논쟁을 즐기는 변론가 아이들은 비판과 논란에 맞서 자신의 생각을 당당히 밝힌다. 심지어 자신의 논리를 전개하기에 아직 미숙할 때라도 타인의 이론을 아무런 생각 없이 그냥 받아들이지는 않는다. 최소한 자신의 지적 수준에서 조치할 수 있는 검증단계를 거친 후에 인정해도 늦지 않는다고 생각한다. 그러니 어느 누구 앞에 서더라도 당당하며 자신의 신념을 쉽사리 굽히지 않는다. 때로는 그 신념이 고집스럽기까지 해서 주변 친구들에게 인정받지 못하거나 심한 경우 왕따를 당하기도 한다. 한편 자신이 관심 갖는 특정 분야만큼은 완전히 전문가가 될 때까지 끝까지 매달려 깊이 있는 연구과정을 거치는 것을 좋아한다. 한 분야에서 풍부한 지식을 쌓아가는 변론가 아이들은 그 분야의 재치 있는 입담으로 아이들의 시선을 단숨에 사로잡곤 한다. 심지어 진실을 규명해야 하는 논쟁의 중심에 서길 자처하는가 하면, 타인의 어려움을 해결해주기 위해 그들 편에 서서 순수한 열정으로 변론을 이어주기도 한다.

역사적으로 논쟁을 즐기는 변론가 성격유형이 잘 드러나는 인물이 있다. 바로 미국의 발명가이자 사업가인 토마스 에디슨이다. 에디슨은 세계에서 가장 많은 발명품을 남긴 사람으로 잘 알려져 있다. 비록 학교문화에 적응하지 못해 학자적인 이론을 갖고 있지는 못했지만, 수만 번의 실험과 호기심을 통해 다양한 발명으로 인류발전에 큰 공헌을 했다. 그러나 그의 변론가 성격유형으로 인해 한평생 발명과 사업에만 힘쓰다 보니 그의 가족에게는 무척이나 소홀했던 것으로도 유명하다. 심지어 그의 부인 메리 스틸웰이 세상을 떠났을 때도 에디슨은 일이 바쁘다는 핑계로 장례식에도 참석하지 않았을 정도였다. 한 분야에 몰입하는 집중력이 이렇게 무서울 정도다 보니 그 분야의 전문성은 우수할지 몰라도, 인생에서 가장 중요한 주변 사람들을 잃어버릴 수도 있다는 사실을 결코 잊어서는 안 된다.

변론가 아이가 선생님이 되어서 자신이 맡은 아이들에게 집중하기 시작하면 누구도 상상할 수 없을 정도의 놀라운 성과를 얻기도 한다. 특히 아이들과 기질이 잘 맞아 같은 호기심 분야를 찾기라도 하면 더 깊이 있는 사고의 세계로 들어가기도 한다. 또 변론가 선생님 스스로도 무의미하게 반복되는 수업보다 아이들의 다양한 아이디어를 적용하는 독창적인 수업방식을 더 선호한다. 때로는 전통과 관습에 의한 정형화된 수업을 반대하고 아이들이 주도적으로 참여하는 지식의 개척자가 되길 희망한다. 만일 아이들이 그런 변론가 선생님을 조금이라도 이해한다면 오히려 지식에 몰입하여 스스로 탐구할 수 있는 독창적인 과제를 던져주는 것이 더 좋다. 지적탐구를 위한 논쟁을 통해 사물을 바라보는 안목을 넓혀가는 일이야말로 변론가 선생님이 가장 좋아하는 수업방식이기 때문이다. 다만 변론가 선생님의 날카로운 논리와 입담으로 그 지적인 활동을 인정받기도 하지만, 동시에 무엇이든 조목조목 따지는 성향 때문에 괜한 미움을 받을 수도 있다는 것에 주의해야 한다.

옹호자:
자신의 가치를 실현하게 하라

넬슨 만델라(출처: 위키피디아)

선의의 옹호자 아이들은 교실의 근본적인 문제해결에 관심이 많다. 그들의 이상적인 성향으로 모두가 평등하고 행복한 교실을 꿈꾸기 때문이다. 친구들 앞에서는 부드러운 목소리로 이야기하지만 선생님으로부터 부당한 대우를 받았다고 생각할 때는 강한 어조로 반박하기도 한다. 옹호자 아이들의 강한 신념과 특유의 섬세함은 수업시간에도 잘 드러나며 균형과 조화를 중시하는 선생님을 통해 자신의 역량을 마음껏 발휘하기도 한다. 대부분 진정한 사랑과 인간애로 친구를 사귀어가며, 자신의 이익을 포기하면서라도 친구를 도와주기 위해 늘 노력한다. 그런 옹호자 아이가 특별한 일 없이 아프다면 혹여 친구관계로 인한 마음의 상처가 있는 건 아닌지 살펴봐야 한다. 예민하고 섬세한 성격이라 친구관계 때문에 심각한 문제에 부딪혔을 때 마음뿐만 아니라 몸에서도 이상반응을 보일 수 있다.

대표적인 옹호자 성격유형으로는 남아프리카공화국 최초의 흑인 대통령이자 흑인 인권운동가였던 넬슨 만델라를 뽑을 수 있다. 만델라는 흑인 극단주의자들에게 온건하다는 비난을 감수해야만 했다. 또한 흑인 종족 간의 갈등으로 복잡해지는 상황 속에서도 백인 정부와 지속적인 협상을 벌여 민주적인 선거를 관철시켰다. 그야말로 흑인과 백인을 강제로 나누어서 살게 하는 인종차별정책에 대한 불복종 비폭력 운동을 끊임없이 벌인 결과였다. 수많은 흑인 시민들이 경찰이 쏜 총에 맞아 죽는 사건이 발생하자 폭력 투쟁도 마다하지 않고 위험을 감수하기까지 했다. 남아프리카공화국의 파국을 막기 위한 처절한 노력 끝에 대통령으로 선출되었고, 350여 년에 걸친 인종분규(complication)를 종식시켰다. 자신을 희생하면서라도 만인을 위해 헌신했던 만델라의 순수한 열망이 그를 세계인권운동의 상징적인 존재로 만들었다는 것을 많은 사람들이 기억하고 있다.

이런 옹호자 성격유형이 선생님이 되었다면 학급경영을 통해 서로 돕는 세상을 만들어갈 것이다. 옹호자 선생님은 따뜻한 말투와 진정성 넘치는 보살핌으로, 어느 누구 하나 소외되는 학생 없이 모두가 어우러지는 평화로운 공동체가 되길 희망한다. 특히 친구들과 조화를 이루며 자신의 가치를 실현하도록 옹호자 선생님은 아낌없는 지지를 보내준다. 뿐만 아니라 옹호자 선생님이 오랜 시간 동안 꿈꿔왔던 유토피아를 아이들에게 들려주고 함께 동참할 수 있도록 잘 이끌어간다. 대체로 이상적인 교실을 구현하려는 옹호자 선생님의 순수한 열망은 미숙한 아이들을 공동체로 모으는데 충분하다. 그의 수업은 공동체 정신을 살려 모두가 함께 참여하고 서로를 지지해주는 방식으로 이루어진다. 누군가 억울한 일을 호소하면 다 함께 해결하기 위해 투쟁을 벌이기도 한다. 이렇게 늘 아이들을 돕고 챙기다 보니 오히려 옹호자 선생님 자신을 챙기지 못해 지치는 경우가 생긴다. 따라서 옹호자 선생님 스스로의 재충전을 위한 쉼과 여유로운 시간을 만들 필요가 있다.

[제5유형]
사업가:
체계와 질서를 지키게 하라

마돈나(출처: 위키피디아)

　모험을 즐기는 사업가 아이들은 책상에 차분하게 앉아 토의만 하는 것보다 직접 나가 몸으로 체험하는 것을 좋아한다. 그들은 친구들과 장난치는 단순한 즐거움만 쫓는 것이 아니라 짜릿한 모험을 통해 지루한 일상에서 생동하는 활력을 찾길 갈망한다. 사업가 아이들은 위험을 수반하는 행동을 통해서라도 자기 인생의 기회를 잡으려고 한다. 작은 기회라도 주어지지 않는디면 아무리 조용한 분위기라도 손을 번쩍 들고 나가 인생의 반전을 꾀한다. 사업가 아이들은 엄격한 규율이나 질서가 요구되는 학교문화에 적응하지 못해 어려움을 겪기도 한다. 그러나 대부분의 사업가 아이들은 조직문화에 적응하는 방법을 빠르게 터득해 나가는 편이다. 수업시간에 자율토론 시간이라도 주어지면 이곳저곳을 누비며 자신의 지적 창고를 모두 열어서라도 주변 친구들에게 지대한 영향을 끼치려고 한다. 때로는 그 행동이 너무 과해 선생님으로부터 지적을 받기도 하지만 친구들에게 인정받을 수 있다면 벼랑 끝 전술도 마다하지 않는다.

대표적인 사업가 성격유형으로는 상업적인 뮤직비디오와 성적 매력으로 엄청난 인기를 얻고 음악적으로도 인정받은 마돈나를 들 수 있다. 마돈나는 머리가 대단히 뛰어나고 영악한 엔터테이너인 동시에 사업가로도 잘 알려져 있다. 〈타임〉지에 의하면 팝의 여왕으로 불리는 마돈나는 지난 수세기 동안 가장 강력한 여자 가수이며, 세계 많은 여자 가수들에게 영감을 불러일으키는 인물로 꼽힐 정도다. 다만 그의 도발적인 엔터테인먼트 행위와 거침없는 사업들은 엄청난 사회적 논란을 불러일으키곤 했다. 기성문화와의 갈등을 유발시켰으며 사회적으로 금기시되던 주제들을 과감히 선보여 사람들의 의식구조에 변화를 모색하기도 하였다. 그런 마돈나의 탁월한 상술과 과감한 모험이 '듣는 음악'을 넘어 '보는 음악'을 필요로 했던 시대적 상황과 잘 맞아 떨어진 점에 주목해야 한다.

이런 사업가 성격유형이 선생님이 되었다면 그의 모험적 기질을 살려 다양한 수업방법을 시도해보길 권장하는 것이 좋다. 그의 탁월한 판단력과 위기를 극복하는 지혜로 새로운 수업방법을 교실에 정착시키는 데 크게 기여할 것이다. 동시에 오랜 관습에 의해 세워진 체계와 질서를 아이들과 함께 지켜나가도록 독려할 필요가 있다. 그의 도발적인 모험이 학교의 체계와 질서 안에서 이루어지도록 절제의 미를 발휘해야 하기 때문이다.

만일 사업가 선생님의 학급경영이 도를 넘어 학교문화와 충돌한다면 그 의도와 달리 심각한 반대에 부딪히게 될 것이다. 따라서 새로운 수업방법을 시도할 때는 아이들의 반응뿐만 아니라 동료 교사와 학부모들의 의견까지 고르게 경청하는 자세가 필요하다. 이는 사업가 선생님의 판단이 잘못되었다기보다 아직 학교문화가 새로운 교육방법을 받아들일 준비가 되어 있지 않기 때문일 것이다. 이럴 때는 조금 더 여유를 갖고 다음에 도전할 기회를 엿보는 자세가 필요하다.

[제6유형]
예술가:
관심 분야를 직접 경험하게 하라

마이클 잭슨(출처: 위키피디아)

호기심 많은 예술가 아이들은 어디로 튈지 모르는 럭비공 같은 성향으로, 수업시간에도 돌발행동을 주저하지 않는다. 학교의 전통적인 관습을 달가워하지 않으며, 때로는 선생님의 권위에 도전하기도 한다. 다만 수업 시간에 받은 영감을 통해 새로운 아이디어를 구상하거나 다채로우면서도 감각적인 삶을 즐기는 데 열심이다. 실험이나 탐험정신이 뛰어나 자신이 받은 영감을 자기만의 스타일로 재해석하는 데 탁월한 능력을 보인다. 때로는 그 결과가 부족하거나 어리숙해도 자기만의 작품세계에 빠져 있어 무조건 옳다고 우기기도 한다. 간혹 예술가 아이들이 튀지 않고 조용히 은둔하고 있다면 뭔가 탐구 거리를 발견하여 자기만의 예술 세계에 스스로 갇혀 있을 때가 많다. 그 예술의 세계를 권위 있는 선생님이 조금이라도 인정해주면 더 치밀한 성찰의 시간을 거쳐 주위 친구들이 깜짝 놀랄 정도의 결과물을 선보이기도 한다. 그러니 예술가 아이들을 단순히 문제아로만 취급할 것이 아니라 그들의 독특한 창작활동을 지지해주고 작품이 완성될 때까지 기다려줄 필요가 있다.

대표적인 예술가 성격유형으로는 대중음악계에 혁명을 불러온 세계적인 팝스타 마이클 잭슨을 들 수 있다. 잭슨은 팝의 황제라고 불릴 정도로 역사상 가장 성공한 엔터테이너이자 가장 유명한 연예인이었다. 잭슨의 음악활동은 많은 가수들에게 영감을 불어넣어 주었고, 그의 공연은 항상 새로운 시도들로 넘쳤다. 그의 투어 공연에는 처음으로 뮤지컬 개념이 도입되었으며, 새로운 장비들을 활용해 늘 혁신적인 시도를 이어갔다. 팬들을 위해서라면 하늘을 날고 땅에서 솟아오르는 퍼포먼스도 주저하지 않았다. 또한 흑인들을 중심으로 뒷골목에서 유행하던 브레이킹 댄스를 공중파에 선보여 선풍적인 인기를 얻기도 했다. 잭슨의 그런 끊임없는 노력과 감각적이고 창의적인 실험으로 인해 음악계의 흑백 장벽은 허물어졌으며 팝 사운드의 새로운 기준이 마련된 점을 많은 사람들이 기억하고 있다.

이렇게 열정적인 예술가 성격유형을 가진 사람이 선생님이 되어 교실에 있다면 그에게 많은 것을 기대할 수 있을 것이다. 교실에서도 아이들과 함께 또 다른 예술 작품을 준비할 수 있을 것이기 때문이다. 그가 도전했던 수많은 실험들을 수업과 연결시킬 수 있다면 그의 노하우가 아이들의 배움 과정으로 자연스럽게 연결될 것이다. 그래서 예술가 선생님이 스스로 관심 분야를 개척하여 감각적인 탐구활동을 전개하도록 기회를 부여하는 것은 매우 중요하다. 다만 예술가 선생님의 실험이 학교문화에 반한 건 아닌지 성찰이 필요하며, 미숙한 아이들이 소화할 만한 도전인지도 점검해야 한다. 그렇지 않으면 아무리 멋진 수업을 전개한다고 하더라도 예술가 선생님의 호기심 욕구를 채우기 위한 수단에 불구하다는 비판을 받을 수도 있다. 따라서 순수한 의도로 새로운 수업기법에 도전하더라도 그 수업에 참여할 아이들과 긴밀하게 소통하여 가장 적합한 시기를 찾아 적용하는 것이 바람직하다.

[제7유형]
연예인:
참여할 수 있는 미션을 정해줘라

마릴린 먼로(출처: 위키피디아)

자유로운 영혼의 연예인 아이들은 친구들과 놀면서도 순간적으로 흥분되는 감정이나 상황에 쉽게 빠져든다. 교실에서는 일상의 소소한 이야기를 재미있게 즐길 줄 알며, 즉흥적인 행동으로 친구들에게 큰 웃음을 선사할 때가 많다. 때로는 우스꽝스러운 표정이나 몸동작을 해서라도 주목받는 것을 만끽하며, 실수를 두려워하지 않는 천방지축으로 보이기도 한다. 그렇다고 욕심이 없는 것은 아니다. 놀이나 경쟁식 수업을 좋아해 매우 적극적으로 참여하는 성취욕을 보인다. 또한 특정 물건을 소유하고 싶은 욕심이 생기면 상대방이 누구든지 능청스럽고 지혜롭게 설득하여 소기의 목적을 이루는 데 탁월한 능력을 보일 때도 많다. 교실에서 말썽은 피우는 데 밉지 않은 아이가 있다면 연예인 기질이 많은 아이라고 보면 된다. 특히 연예인 아이들은 타고난 스타성 기질로 인해 자신의 능력을 과대포장해서라도 교실공동체에서 주목받길 원하는 특성이 있음을 알아야 한다.

연예인 성격유형으로 대표적인 인물은 아름다운 금발의 매력으로 세계적인 섹시 심벌이 된 미국의 영화배우 마릴린 먼로를 들 수 있다. 먼로는 스크린을 환하게 밝힌 여자 코미디언 가운데 가장 관능적인 감각을 지닌 배우였다. 그녀의 어린 소녀 같은 천진난만함은 전 세계 사람들을 매료시키기에 충분했지만, 반면에 간단한 대사도 외우지 못해 같이 일하는 사람들로부터 핀잔을 자주 들었다고 한다. 그러나 그녀 특유의 밝고 환한 매력으로 사람들의 마음을 사로잡아 다시 캐스팅되곤 했다. 그런가 하면 먼로의 팬들은 그녀 특유의 흔들거리는 걸음걸이를 좋아했고 오히려 육감적인 몸매가 드러난다며 환호하기까지 했다. 비록 먼로는 약물 과다복용으로 우리 곁을 일찍 떠났지만 많은 사람들은 그녀의 관능적인 스타성을 오랜 시간 동안 기억하고 있다.

이렇게 자유로운 영혼의 연예인 선생님을 아이들이 얼마나 좋아할지는 쉽게 짐작이 된다. 실제로 엄격한 관리자 선생님의 쫀쫀한 수업에 지쳐 있는 상당수의 아이들은 연예인 선생님의 자유로우면서도 재미있는 수업을 늘 기다리고 있다. 연예인 선생님의 밝고 명랑한 특유의 표정이나 몸짓을 보는 것만으로도 지치고 지루한 학교생활에 위로가 되기 때문이다. 특정 교과내용을 주입식으로 일목요연하게 가르치는 방식은 연예인 선생님의 수업으로 적합하지 않다. 아니 연예인 선생님 스스로 주입식 교육이 답답해 먼저 지쳐버릴지도 모른다. 연예인 선생님의 역량강화교수법은 아이들이 서로 어울려 수업에 즐겁게 참여할 수 있는 미션을 활용하는 것이다. 미션을 정할 때도 연예인 선생님 홀로 준비하기보다 적극적인 아이들을 참여시켜 함께 마련하면 수업의 시너지 효과를 극대화할 수 있다. 수업에 깊이 들어갈수록 아이들이 미션을 수행하면서 교실이 번잡해지는데 그 혼란스러움을 허용하는 연예인 선생님의 넉넉함 덕분에 수업은 더 풍성해질 것이다.

로버트 다우니 주니어(출처: 위키피디아)

재기발랄한 활동가 아이들은 활달하면서 매력적인 성격으로 차분하게 자리에 앉아 있기보다 친구들과 창의적인 활동을 수행하는 걸 좋아한다. 그러면서도 친구를 사귈 때는 사회적, 정서적으로 깊은 유대관계를 맺고, 친구의 감정 상태에 예민하게 반응하며 그 안에 숨겨진 의미를 찾아내려고 노력한다. 또한 활동가 아이들은 독립적인 성향으로 선생님에 의해 구속받는 것을 무척 싫어하며, 자유로운 분위기에서 이루어지는 창작활동에 쉽게 집중한다. 상상력이 풍부하여 독창적인 아이디어를 잘 산출하고 창의성이 부각되는 활동에서는 전문가로 인정받기도 한다. 그러나 아무리 인정을 받는 자리라 할지라도 지루하게 반복되는 상황에 놓이면 쉽게 포기하거나 인내심을 잃어버리기도 한다. 따라서 활동가 아이들이 스스로 문제해결에 참여할 수 있도록 자유로운 수업분위기를 만들어주고, 친구와 함께 지적인 활동을 수행할 때까지 잠시 기다려줄 필요가 있다.

이런 활동가 성격유형으로 대표적인 인물은 영화 〈아이언맨〉의 토니 스타크로 유명한 할리우드 배우 로버트 다우니 주니어를 들 수 있다. 아이언맨을 통해 제2의 전성기를 맞고 있는 그는 캐릭터를 빛낸 최고의 캐스팅이라는 찬사를 받아왔다. 갈색 눈을 가진 로버트 다우니 주니어는 근육질 몸매와 빠른 말투, 그리고 탁월한 연기까지 나이가 들어가면서도 많은 이들의 사랑을 듬뿍 받고 있다. 또한 영화 캐릭터에 대한 그의 열정과 특별한 애정으로 인해 남성 관객만의 전유물이었던 히어로 무비가 여성 관객들에게까지 확장되었다는 평가를 받기도 한다. 한때는 각종 약물 중독과 불법무기 소지 등으로 팬들을 안타깝게 만들었지만, 수차례의 재활치료와 연기에 대한 그의 열정으로 멋지게 재도약한 점도 주목할 만하다.

이렇게 재기발랄한 활동가 성격유형의 선생님이 교실에서 아이들과 함께 얼마나 창의적인 수업을 전개할지 상상이 된다. 활동가 선생님은 수업에 한번 집중하면 소기의 목적을 이룰 때까지 열정적으로 몰아붙이는 모습을 보인다. 그러다가도 학교의 큰 행사가 마무리되면 다시 몸을 흐느적거리며 자유로운 영혼의 선생님이 되기도 한다. 또한 쉽게 변모하는 그의 기질로 인해 다양한 아이늘과 손쉽게 깊은 유대관계를 형성한다. 뿐만 아니라 활동가 선생님의 독창적인 아이디어로 아이들을 놀라게 할 때가 많으며 전문가로서의 면모를 보여주기도 한다. 다만 지나칠 정도로 독립적인 성향으로 인해 주변 동료 교사들과 협업을 이루는 데 어려움을 겪을 수도 있다는 점을 기억해야 한다. 따라서 활동가 선생님의 깊은 유대관계가 아이들뿐만 아니라 주변 동료 교사들과도 이루어지도록 서로 협력하는 자세가 필요하다. 특히 그의 자유분방하면서도 독창적인 삶의 자세를 조금만 이해해준다면 모두 다 같이 더 멋진 학교생활을 이어갈 수 있을 것이다.

[제9유형]
전략가:
체계나 규칙을 분석하게 하라

크리스토퍼 놀런(출처: 위키피디아)

　용의주도한 전략가 아이들은 교실 모퉁이에 자리를 잡고 조용히 책을 읽으며, 문제해결을 위한 자기만의 전략을 세우는 데 잘 몰입한다. 특히 미숙한 어린 시절에는 지식을 향한 갈증을 해소하기 위해 늘 책 속에 파묻혀 살 때가 많다. 때로는 그가 상상하고 있는 분야에 깊이 빠져 있어, 주변의 소리를 듣지 못하거나 말수가 극히 적어지기도 한다. 가끔은 자기세계에 갇혀 있는 이상주의자로 보일 때도 있지만 자기가 관심 갖는 분야에서는 신랄하게 비판하는 열정을 보이기도 한다. 또한 특정분야에 대한 그의 방대한 지식이 친구들에게 유용하다고 판단되면 그의 노하우를 공유하고 현실에 반영하기 위해 끈질기게 노력하기도 한다. 만일 전략가 아이가 다시 자기만의 공간에 들어가 나오지 않는다면 자신의 전략에 대한 이상과 현실의 격차를 줄이기 위해 심사숙고하는 시간을 갖고 있는 것이다. 다만 결과물을 발표해야 하는 중요한 시점이라면 그의 완벽주의를 잠시 내려놓고 다시 현실의 장으로 돌아와 상황을 판단하도록 권유하는 것이 좋다.

이런 전략가 성격유형으로 대표적인 인물은 수많은 영화 팬들의 많은 사랑을 받고 있는 영화감독 크리스토퍼 놀런을 들 수 있다. 놀런은 25일 만에 완성한 영화 〈메멘토〉로 전 세계 영화계에 파란을 일으키며 많은 사람들에게 주목받기 시작했다. 그는 단기 기억상실증에 걸린 주인공의 파편화된 기억의 조각을 역순으로 나열하고 전개시키는 방식으로 영화평단과 관객들을 충격과 감탄에 휩싸이게 했다. 그 이후에도 놀런의 돋보이는 연출은 다양한 영화를 통해서 소개되었고, 시간이 지날수록 그가 만드는 영화를 기다리고 열광하는 관객들이 점점 늘어나고 있다. 특히 〈인셉션〉과 〈인터스텔라〉는 놀런 감독의 창의력과 상상을 기반으로 짜인 플롯이 매우 정교한 작품으로 평가받으며 세간의 주목을 끌고 있다. 지금도 많은 사람들이 그의 용의주도한 연출을 통해 새롭게 만들어질 영화를 손꼽아 기다리고 있다.

이렇게 용의주도한 전략가 성격유형의 선생님이라면 교실 수업을 통해 아이들과 얼마나 놀라운 작품을 만들어낼 수 있을지 기대된다. 특히 아이들의 주도적인 참여를 독려할 수 있는 프로젝트 수업이라면 그 작품성을 더 돋보이게 할 수 있을 것이다. 전략가 선생님은 학습 분야의 원리를 이해하고 체계나 규칙을 분석하여 아이들이 배움 과정에 이르도록 도와주는 전략을 세우는 게 강점이다. 결국 효과적인 배움 과정은 교사의 화려한 가르침이 아니라 아이들이 학습 원리를 터득하여 공부하는 방법을 인지할 때 더 극대화되기 때문이다. 전략가 선생님은 위대한 작품이 나오려면 충분한 숙고의 시간이 필요함을 잘 알고 있다. 그만큼 수업시간에도 아이들이 수업의 내용을 이해하고 학습한 지식을 재활용하거나 가공하여 독창적인 작품을 만들어 내도록 인고의 시간을 충분히 부여하곤 한다. 만일 아이들이 그런 전략가 선생님의 의도를 잘 따라온다면 지적인 상상의 날개를 마음껏 펼쳐 나갈 것이다.

[제10유형]
수호자:
정서를 이해하도록 도와줘라

엘리자베스 2세(출처: 위키피디아)

　용감한 수호자 아이들은 교실에서 선생님의 말씀에 잘 순응하며 어려움을 겪는 친구들을 도와주는 데 늘 앞장선다. 학습에 있어서는 완벽주의자만큼이나 세심하고 꼼꼼한 면모를 보여 모범생으로 불리기도 한다. 다만 학습의 위계를 지켜 단계적으로 공부할 때 이해를 잘하고, 한 번 실패했을 때 회복에 오랜 시간이 걸리기도 한다. 혹여 누군가에게 도움을 받기라도 하면 어떻게 해서라도 그 이상의 선행으로 다시 베풀려고 노력한다. 늘 친구들을 먼저 배려하려고 노력하기 때문에 가끔 자기 몫을 챙기지 못해 아쉬울 때도 있다. 그렇다고 서운해하는 것은 아니지만 베푼 만큼 친구들에게 인정받고 싶어 하는 마음이 커서 '고맙다'는 말을 기다리기도 한다. 수호자 아이들은 학교생활을 하다가 자신이 좋아하는 선생님을 만나면 그 권위에 절대 복종하는 모습을 보인다. 적어도 학습 면에 있어서는 그 선생님으로부터 칭찬받고 싶어서 드러나지 않게 최선을 다하기도 한다. 늘 아낌없이 베푸는 수호자 아이들의 겸손한 태도를 지지해주면 이들로 인해 교실은 더 밝아질 것이다.

이런 수호자 성격유형으로 대표적인 인물은 영국인들의 '마음의 여왕(Queen of Heart)'이 된 엘리자베스 2세를 들 수 있다. 그녀는 세계 2차 대전이 절정에 달해 있을 때 조국을 위해 봉사함으로써 미래의 여왕으로서의 자질을 보여주었다. 그녀는 아버지 조지 6세를 설득해 열여덟 살에 국방군에 입대해 구호품을 전달하고 탄약을 관리하기까지 했다. 자라면서 거친 일이라고는 해본 적도 없었던 그녀였지만, 흙바닥에 앉아 타이어를 바꾸고 보닛을 열어 엔진을 수리하는 일까지 마다하지 않고 척척 해냈다. 결국 아버지 조지 6세가 병으로 세상을 떠나자 엘리자베스는 스물다섯의 나이로 대관식을 치러야만 했다. 그녀는 목숨이 다하는 그날까지 영국과 국민을 위해 봉사하겠다고 하나님 앞에 맹세하고 왕이 되었다. 영국의 가장 위대한 국왕이 누구인지 묻는 설문조사에서 빅토리아 여왕과 엘리자베스 1세를 제치고 당당히 1위에 오를 정도로 많은 이들의 지지를 받고 있다.

이렇게 용감한 수호자 성격유형의 선생님이라면 완벽에 가까울 정도로 아이들이 수행해야 할 학습량을 조절하여 단계적으로 잘 지도할 것이다. 본인의 어린 시절 권위자로부터 받았던 보살핌을 기억하고 자신이 맡은 아이들에게도 어머니처럼 따뜻하게 배려할 것이다. 다만 수호자 선생님이 모든 것을 다 해주는 것보다 체계나 규칙을 엄격하게 정해주고 아이들이 스스로 공부하는 방법을 터득해가도록 지도해주는 것이 더 바람직하다. 또한 고지식할 정도로 절차를 밟아 단계적으로 지도하는 수호자 선생님의 수업스타일을 잘 따라오는지 아이들을 세밀하게 관찰할 필요가 있다. 만일 단계적인 수업방식보다 체험이나 모험을 통한 경쟁식 수업을 더 선호하는 아이들이 교실에 많다면 수업의 방법을 조금 달리 접근하는 것도 좋은 방법이 될 수 있다. 아이들의 정서를 이해하고 도와준다면 친밀감이 형성되어 더욱 사랑받는 수호자 선생님이 될 것이다.

[제11유형]
사색가:
아이디어를 작품으로 만들게 하라

빌 게이츠(출처: 위키피디아)

　논리적인 사색가 아이들은 교실에서 자기만의 관심거리를 찾아 깊이 있는 사고의 세계에 빠져 혼자 몰입해 있을 때가 많다. 이들은 호기심이 왕성해 다양한 분야에 관심을 보이기도 하지만, 일련의 연속성을 중요시 여겨 특정 분야에만 매달려 있곤 한다. 때로는 한 분야에 너무 깊이 매달려 다른 교과 수업에 방해가 되어 선생님으로부터 지적을 받기도 한다. 혹여 자신이 한참 연구하는 분야에 누구라도 관심을 보이면 흥분상태로 돌변하여 말이 빨라질 때도 있다. 사색가 아이들은 자신의 독창적인 아이디어에 늘 자부심을 가지고 있으며, 문제를 정확히 파악하여 해결책을 찾아내는 데 그들이 가진 열정과 에너지를 전부 쏟아붓기도 한다. 그런 사색가 아이들을 조금이라도 이해해주는 선생님을 만나면 물 만난 고기처럼 자신감을 보이며 뛰어난 통찰력으로 두각을 보이기도 한다. 반면 그의 독창성을 이상하게 바라보는 선생님을 만나면 갑자기 의기소침해지면서 말수가 줄어들 수 있다.

이런 사색가 성격유형으로 대표적인 인물은 마이크로소프트(MS)를 설립하여 전 세계적으로 컴퓨터 및 인터넷 부문을 선도해온 빌 게이츠를 들 수 있다. 게이츠는 고등학교 시절 친구 폴 앨런과 함께 교통량 데이터를 분석해서 그래프로 그려주는 회사를 설립할 만큼 한 분야를 깊이 있게 연구하는 것을 좋아했다. 그 이후 앨런과 공동으로 세운 MS는 마이크로컴퓨터 프로그래밍 언어에서 두각을 나타내었으며, MS의 '오피스'는 세계에서 가장 많이 사용되는 애플리케이션 패키지가 되었다. 비록 그에 대한 비판적인 시각도 많지만 빌 게이츠는 사회적 공익을 위해 헌신하고 봉사함으로써 자신의 명성과 부를 사회에 환원하려고 노력하고 있다. 지금은 자신이 창업한 MS에서 퇴임하고 기술을 통해 제반 사회문제를 해결하려는 '빌 & 멜린다 게이츠 재단'을 설립해 사회봉사에 전념하고 있다.

만일 사색가 아이가 자라서 선생님이 되었다면 수업에 대한 그의 독창적인 아이디어를 존중해주어야 한다. 그가 수업의 특정 분야에 깊게 집중하고 있다면 자기만의 창의적인 방법으로 보다 효과적인 수업을 만들기 위해 고심하고 있다는 것을 알아야 한다. 다만 그런 숙고의 시간을 통해 얻은 아이디어를 실제 수업에 적용할 수 있도록 용기를 불어넣어줄 필요가 있다. 아무리 좋은 수업 아이디어라도 교실 현장에 적용되지 않으면 아무런 가치가 없기 때문이다. 간혹 사색가 선생님의 독창적인 수업을 이해하지 못하고 반기를 드는 아이들이 나올 때가 있다. 또는 한 분야를 깊이 파고드는 수업보다 다양하면서 활동적인 수업을 선호하는 아이들을 만날 수도 있다. 어느 경우이든 사색가 선생님의 성향과 잘 맞지 않아 마찰을 일으키는 아이들이다. 이런 때는 사색가 선생님의 수업이 한쪽으로 편중되어 있는 건 아닌지 점검할 필요가 있다. 교실에서 활동하고 있는 다양한 기질의 아이들을 집단으로 통제하기 위해서라도 보다 폭넓은 관점에서 여유롭게 수업을 진행해야 할 것이다.

[제12유형]
통솔자:
폭넓은 안목을 갖게 하라

마거릿 대처(출처: 위키피디아)

대담한 통솔자 아이들은 공통의 목표를 가진 친구들을 모아 넘치는 카리스마와 자신감으로 진두지휘하며 공동체의 리더 역할을 잘 수행한다. 만일 아직 미숙하여 리더의 역할을 하지 못한다면 자신의 때가 도래할 때까지 조용히 기다리다가 때가 왔을 때 특유의 자신감으로 우위를 선점한다. 그러나 자신의 통찰력으로 볼 때 공동체의 방향이 잘못된 방향으로 간다면 누구 앞에서라도 올곧은 소리를 과감히 내뱉는 뚝심을 보이기도 한다. 이런 대담한 성격으로 인해 교실에서는 선생님과 자주 부딪힐 때가 많으나 교실공동체의 이익을 추구한다는 점에서 결코 나쁘다고만 볼 수 없다. 통솔자 아이들은 스스로 작은 성공의 경험이 큰 성공을 이루는 계기가 된다는 사실을 잘 알고 있다. 수업시간에도 모둠활동 등에서 자신이 기여할 방법을 찾아 나서며, 언제든 친구들의 목소리를 대변할 준비가 되어 있다. 과제 해결에 있어서도 최고의 산출물을 얻기 위해 언제나 진취적으로 참여하는 모습을 보이곤 한다.

그런 통솔자 성격유형으로 대표적인 인물은, 철의 여인으로 알려진 영국 최초의 여성총리 마거릿 대처를 들 수 있다. 대처는 획기적인 정책 추진과 독단적인 정부운영으로 3기에 걸쳐 최장기 집권을 하였다. 그녀는 취임 첫해에 외국환 관리 철폐와 국영사업 민영화에 착수했고, 그 당시 문제가 되었던 노조활동을 규제하는 입법 등을 강하게 밀어붙였다. 그로 인해 런던과 리버풀의 빈민가를 비롯한 각 지역에서 폭동이 일어났고, 전국적인 탄광 파업을 불러오기도 하였다. 이에 맞서 그녀는 강경 진압이라는 카드를 꺼내드는가 하면 노조 내부의 분열을 유도하고 미리 확보해둔 석탄 재고를 풀어 국민의 불편을 최소화하는 리더십을 발휘하였다. 뿐만 아니라 포클랜드 전쟁에서는 외교적 타협을 권하는 내외의 목소리를 일축하고 해군 기동부대를 파견해 결국 두 달 만에 아르헨티나의 항복을 받아내기도 하였다. 아마도 대처의 그런 무쇠 같은 의지와 추진력이 있었기에 지금의 영국이 존재할 수 있었을 것이다.

만일 통솔자 아이가 자라서 선생님이 되었다면 아이들과 함께 성취 가능한 목표를 향해 달려가고 있을 것이다. 통솔자 선생님 스스로 목표성취를 통해 희열을 느낄 뿐만 아니라 학급 아이들이 자신의 능력을 향상시켜 가는 모습을 보기 원하기 때문이다. 실제로 통솔자 선생님은 그가 가진 폭넓은 안목과 재빠른 상황 판단력으로 아이들에게 지대한 영향을 주곤 한다. 이런 통솔자 선생님의 거침없는 학급경영을 아이들이 잘 받아들인다면 어느 때보다 진보하고 발전하는 자신의 모습을 볼 수 있을 것이다. 또한 통솔자 선생님은 체계적인 시스템을 도입하여 교실과 학교 공동체의 전체 유익을 얻는 데 탁월한 능력을 보이기도 한다. 다만 과정보다 결과에 집착하다 보니 무섭게 몰아붙이는 그의 성격 때문에 피해를 보는 아이들이 생기곤 한다. 따라서 단기적인 이익을 내려놓더라도 교실공동체 구성원인 아이들이 자신감을 잃지 않도록 세밀하게 살펴보는 여유와 장기적인 관점이 필요하다.

오프라 윈프리(출처: 위키피디아)

정의로운 사회운동가 아이들은 자신이 받은 영감을 친구들에게 소개하고 충만한 열정으로 작은 변화를 꾀하는 데 열심이다. 특히 교실에서 일어나는 불의를 보면 참지 못하고 약한 친구들의 대변자로 나서 쓴 소리도 마다하지 않는다. 선생님을 도와 모두가 하나가 될 수 있는 교실공동체를 만드는 데 앞장서며 친구들이 참여할 때 큰 자부심을 느끼기도 한다. 사회운동가 아이들은 약속을 잘 지키고 언행이 일치하는 선생님을 좋아하며 잘 따른다. 또한 학급구성원이 추구해야 할 공동의 목표를 제시해주길 원하며 깊은 유대관계를 형성하려고 노력한다. 그러나 믿을 만한 선생님을 만나지 못해 학업성취도가 떨어지는 경우 리더십에 상처를 얻기도 한다. 이 경우 아이들을 하나로 모을 에너지가 떨어지며 수업시간에도 집중하지 못해 선생님으로부터 신임을 잃어버리기도 한다. 따라서 사회운동가 아이들이 지닌 리더십을 잃어버리지 않도록 공부하는 방법을 가르치고 설득력을 회복하도록 도와주어야 한다.

대표적인 사회운동가 성격유형으로는 20년 넘게 낮 시간대 시청률 1위를 기록한 TV토크쇼 진행자 오프라 윈프리를 들 수 있다. 사생아로 태어났던 윈프리는 그녀의 불우했던 어린 시절을 이겨내었고 〈오프라 윈프리 쇼〉를 5,000회 이상 진행하면서 토크쇼의 여왕이 되었다. 뿐만 아니라 윈프리는 미국인들이 가장 좋아하는 TV방송인으로 선정되었으며, 흑인 여성으로서는 처음으로 재산 10억 달러 이상의 부자 중 한 사람이 되었다. 그녀는 자신의 성공과 부는 자기만의 것이 아니라고 생각했고 거액의 장학금을 기부하여 많은 곳에 나누어 주었다. 뿐만 아니라 12개 빈곤 국가에 50개가 넘는 학교를 세우고, 많은 어린이들과 청소년들에게 꿈을 갖게 만들었다. 윈프리는 남을 행복하게 해주는 것이 나를 행복하게 한다는 신념을 삶을 통해 몸소 실천했다.

이렇게 정의로운 사회운동가 성격유형이 선생님이 되었다면 미숙한 아이들의 더 나은 미래를 위해 좋은 멘토가 되어 줄 것이다. 뿐만 아니라 아이들과 함께 멋진 교실공동체를 만들기 위한 청사진을 제시하여 그 꿈을 향해 나아가도록 독려할 것이다. 사회운동가 선생님은 혼자는 어렵지만 함께 하면 아무리 어려운 난관도 이겨낼 수 있다고 격려하며 서로 돕는 교실 분위기를 형성해간다. 특히 진심을 다해 아이들에게 다가서기 때문에 어느 누구 하나 소외되는 학생 없이 참여를 이끌어낼 것이다. 일부 아이들은 그런 사회운동가 선생님의 영향을 받아 자신이 지닌 능력 이상의 것을 이루어내는 성과를 이루기도 한다. 그러나 현실을 넘어 지나치게 낙관적인 사회운동가 선생님의 도전이 항상 성공하는 것이 아니라는 점을 기억해야 한다. 때로는 아무리 아이들을 도와주려고 해도 사회운동가 선생님의 영향력 밖에 있는 일에 부딪힐 때도 있다. 사회운동가 선생님의 충만한 열정으로 인해 우리 사회가 발전해 나가는 것은 분명하다. 다만 누구나 실패할 수 있음을 기억하고 사회운동가답게 당차게 다시 일어날 수 있도록 지지해줄 필요가 있다.

[제14유형]
외교관:
리더십을 발휘시켜라

빌 클린턴(출처: 위키피디아)

사교적인 외교관 아이들은 친구들의 사소한 문제까지 세밀하게 관심을 갖고 기억해두었다가 관심을 표현한다. 특히 교실 질서에 적응하지 못하거나 선생님의 권위에 부정하는 친구들을 잘 도와준다. 외교관 아이들은 교실이라는 작은 사회에서 선생님의 권위에 순응하는 방법을 잘 알고 있다. 아니 오히려 교실 내 질서를 수립하는 데 선생님의 권위가 필요하다는 것까지 잘 이해하고 있으며, 교실공동체의 중요한 일원이 되고자 노력한다.

만일 자신의 주장을 내세우는 데 선생님의 권위가 도움이 된다면 학급 반장이라도 해서 최소한의 지위와 권력을 차지하려고 한다. 그렇다고 해서 외교관 아이들이 항상 애늙은이같이 진지한 이야기만 하는 것은 아니다. 친구들과 동화되기 위해서라면 체면도 내려놓고 마냥 즐겁고 순진하게 장난치며 까불기도 잘한다. 또한 교실에서 생활하다가 친구들의 의견이 두 갈래로 나뉘어 긴장감이 감돌 때는 양쪽의 의견을 조율하여 다시 하나로 모으는 데 탁월한 능력을 발휘하기도 한다.

대표적인 외교관 성격유형으로는 새로운 세대의 국가 지도자로 인정받았던 미국의 제42대 대통령 빌 클린턴을 들 수 있다. 클린턴은 최저 실업률과 물가안정으로 대표되는 장기호황을 유지한 성공적인 대통령으로 알려져 있다. 그러나 출마 당시에는 어느 누구도 클린턴이 대통령이 될 거라고 확신하지 못했다. 그럼에도 불구하고 그는 정책 위주의 토론을 벌여 결국 대통령에 당선되었다. 클린턴은 재임기간에도 성추문 사건 파문으로 탄핵위기를 맞았다. 그러나 클린턴은 탄핵소추에 큰 영향을 받지 않고 실용적인 경제 및 대외정책에 크게 힘입어 70%에 이르는 지지도를 다시 얻어내는 데 성공했다. 클린턴 자신의 결점이 아무리 심각하다고 해도 그것은 자기를 비판하는 사람들의 권력욕에 비하면 민주적인 정부에 그다지 큰 위협이 되지 않는다는 명분을 앞세워 당당히 걸어간 것이다.

이렇게 사교적인 외교관 성격유형이 선생님이 되었다면 교실 내 질서를 세워 학급관리를 체계적으로 해갈 것이다. 외교관 선생님은 학교라는 울타리 안에서 교사와 학생 간 최소한의 질서를 원하며 명확한 규칙을 정해 체계적인 학급을 세우려고 한다. 학급 규칙은 명분에 의해 세우되 외교관 선생님의 일방적인 주장이 아니라 아이들과 긴밀히 소통하며 수립해간다.

만일 그 명분을 받아들이지 못하는 아이들이 있다면 외교관 선생님의 뛰어난 화법으로 아이들을 설득하여 공동체를 든든히 잘 세워간다. 외교관 선생님의 리더십은 일방적인 우격다짐이 아니며 대의명분에 의한 이유 있는 설득에 가깝다. 뿐만 아니라 아이들의 이야기에 귀를 기울여 들어주고 그들이 겪는 어려움을 해결해주는 등 마음을 읽어주는 따뜻한 리더십이다. 또 쉬는 시간이나 점심시간에는 친밀감 형성을 위해 아이들 함께 놀아주는 친구 같은 선생님이기도 하다. 따라서 어느 누구 하나 소외되는 학생 없이 모두가 학급공동체의 일원이 되도록 열중하는 외교관 선생님의 도전이 계속 이어지도록 아낌없는 박수를 보낼 필요가 있다.

[제15유형]
중재자:
표현의 장을 마련하도록 하라

J. R. R. 톨킨(출처: 위키피디아)

열정적인 중재자 아이들은 친구들의 언행을 면밀히 관찰해두었다가 필요할 때 자신의 생각을 상징화하여 깊이 있는 대화를 잘 나눈다. 이들은 직관적인 성향으로 자신과 친구들의 세계를 더 잘 이해하기 위해 상상 속의 이야기를 만들어 표현하기도 한다. 활발한 또래 친구들에 비하면 다소 내성적으로 보일 수도 있지만 그 안에는 감춰진 뜨거운 열정이 활활 타오르고 있다. 중재자 아이들은 주로 자기만의 작품 세계에 빠져 은밀한 창작 활동에 열심일 때가 많다. 간혹 자신이 심취해 있는 영역에 관심을 보이는 친구라도 만나면 어느 때보다 깊이 있는 사고의 세계에 들어가기도 한다. 학교에서는 선생님의 권위에 무조건 순종하기보다 직관적인 사고에 의해 판단하는데 나름대로 자기만의 원칙을 가지고 있다. 그 원칙에 의한 이들의 삶이 제도권 내에서 값진 결과물로 이어지지 않을 때는 한계를 느끼며 낙심하기도 한다. 그러나 그를 기다리는 단 한 명의 친구만 있어도 그들은 더 나은 작품을 만들기 위해 다시 창작활동을 이어갈 것이다.

대표적인 중재자 성격유형으로는 20세기 영문학사에 큰 발자취를 남긴 존 로널드 로얼 톨킨을 들 수 있다. 톨킨은 현대 판타지 소설이라는 새 장르를 발전시킨 작가로 유명하다. 그가 남긴 《반지 원정대》, 《두 개의 탑》, 《왕의 귀환》에 이르는 《반지의 제왕》 3부작은 판타지 소설의 고전으로 불린다. 뿐만 아니라 그의 작품들은 이미 전 세계에서 30여 개가 넘는 언어로 번역될 정도로 많은 이들로부터 아낌없는 찬사를 받고 있다. 젊은 시절 톨킨은 자신만의 언어인 엘프어(elvish)를 만드는 데 가장 많은 공을 들였는데, 그때부터 언어의 바탕이 신화임을 깨닫고 새로운 신화를 창작하는 데 열중했다고 한다. 결국 톨킨은 가운데 땅의 신화를 창작하였고, 이 신화는 지금까지도 많은 사람들로부터 극찬을 받고 있다. 아마도 톨킨의 깊이 있는 상상력이 이런 작품 활동으로 이어지지 않았다면 우리는 그가 만들어 낸 다른 세계의 존재들을 만나지 못했을 것이다.

이런 중재자 성격유형이 선생님이 되었다면 자신의 상상력을 활용해 수업을 또 다른 예술로 승화시켜 갈 것이다. 중재자 선생님은 아이들이 다양한 경험을 통해 살아 있는 지식을 습득하길 원한다. 교과서 안에 숨겨 있는 지식보다 교실이라는 작은 사회적 공간에서 담겨 있는 지식을 아이들이 체험적으로 습득해야 한다고 생각한다. 다만 성숙한 중재자 선생님일수록 자신뿐만 아니라 아이들도 자기만의 창작활동을 이어가도록 표현의 장을 열어간다. 그러나 아이들을 다루는 데 어려움을 겪는 중재자 선생님은 아이들의 창작활동보다 자신의 작품 세계에만 머무를 때가 있다. 즉 자신의 창작활동이 아이들을 배움 과정으로 이끌어가는 의미 있는 수업으로 연결되지 않은 것이다. 또는 교실 전체 아이들을 대상으로 수업을 전개해야 하는데 선생님의 수업에 깊은 관심을 보이는 소수의 아이들에게만 집중할 때가 있다. 선생님의 수업과 코드가 맞는 아이들만 참여시키는 방법은 중재자 선생님의 입장에서 보면 편한 수업방법일지 모르지만 그로 인해 다수의 아이들이 오히려 피해를 볼 수 있음을 기억해야 할 것이다.

[제16유형]
논리주의자: 수준 높은 과제를 수행하게 하라

콘돌리자 라이스(출처: 위키피디아)

청렴결백한 논리주의자 아이들은 친구들의 문제를 객관적인 시각으로 바라보고 현실 가능한 대안을 제시한다. 이들은 주변 친구들한테 실력을 인정받고 싶은 마음에 열심히 공부하는가 하면 주변 친구들을 도와주는 데 적극적인 모습을 보이기도 한다. 수업시간에도 게으름이나 딴청을 부리는 일은 거의 없으며 오히려 자기가 맡은 역할을 충실히 수행하려고 부단히 애쓰는 성격이다. 그런가 하면 같은 모둠 친구의 불성실함으로 인해 소기의 성과를 얻지 못할 때면 불같이 화를 내기도 한다. 심지어 자기가 화를 낼 수 없는 권위자일지라도 자신이 할 말은 딱 부러지게 주장하는 편이다. 논리주의자 아이들은 대부분 본인 스스로 청렴결백하고 늘 헌신적이기 때문에 시간낭비를 하거나 우유부단한 모습을 보면 매우 싫어하는 표정을 짓기도 한다. 그러나 그들 본래의 마음은 친구가 학교사회에 잘 적응해서 더 잘 되기를 바라는 것임을 기억해줘야 한다.

그런 대표적인 논리주의자 성격유형은 아프리카계 흑인 여성으로서는 처음으로 국무장관이 되었던 콘돌리자 라이스를 들 수 있다. 그녀는 미국이 강한 군사력을 바탕으로 국제문제에 적극 개입해야 한다고 보는 전통적인 공화당 성향의 인물이었다. 그래서 소련의 아프가니스탄 침공에 대한 카터 행정부의 대응에 실망하여 민주당원에서 공화당원으로 당적을 과감히 바꾼 인물이기도 하다. 라이스는 정확한 분석력과 빠른 판단력으로 주요 현안을 간단명료하게 설명하는 능력이 탁월하다는 평을 받아왔다. 결국 그녀는 흑인 여성으로서는 최초로 국가안보보좌관을 맡았으며, 이후 부시 2기 행정부에서 국무장관을 맡아 핵심 측근으로 활동하기까지 했다. 그런가 하면 세계적인 첼리스트 요요마와 협주했을 정도로 뛰어난 피아노 실력을 자랑하고 있고, 영어 외에도 러시아어, 프랑스어, 스페인어까지 구사하는 능력자이기도 하다.

이런 논리주의자 성격유형이 선생님이 되었다면 그야말로 아이들을 가르치는 일만큼은 최고의 능력을 선보인다. 논리주의자 선생님의 성실함으로 얻은 능력은 물론 아이들에 대한 열정으로 인해 제자양성에 두각을 보인다. 뿐만 아니라 그의 청렴결백하고 헌신적인 삶은 많은 이들의 박수를 받기에노 부족함이 없을 정도다. 다만 논리주의자 선생님의 그런 완벽한 삶의 기준을 학급 아이들에게도 동일하게 적용하다 보니 선생님을 따라가는 과정을 다소 버거워하는 아이들이 생기곤 한다. 따라서 아직 미숙한 아이들이 실패와 실수의 경험을 통해 더 발전할 수 있음을 기억하고, 보다 여유로운 자세를 견지할 필요가 있다. 간혹 논리주의자 선생님의 권위에 짓눌려 아무 말도 못하고 그저 힘들어하는 아이들도 있기 때문이다. 그러나 때에 따라서는 논리주의자 선생님의 뛰어난 분석력과 판단력으로 아이들에게 공동의 목표를 제시하여 힘 있게 이끌어 나갈 필요도 있다. 어느 정도 숙고의 시간이 지나면 논리주의자 선생님의 참 뜻을 아이들이 알아가게 될 것이다.

수업성숙도 자가진단 체크리스트

표준화된 수업성숙도 검사와 전문적인 해석은 엠디랑www.mdrang.net을 통하면 된다. 사이트에 들어가 교사인증을 받으면 무료 검사쿠폰(1장)을 검사관리 메뉴에서 확인할 수 있다. 수업성숙도는 어떤 수업을 떠올리며 검사에 임하느냐에 따라 약간의 차이를 보일 수 있다. 따라서 주기적인 검사를 통해 자신의 수업성숙도를 성찰하고 동료 교사들과 협력해가야 한다.

다음은 교사의 수업위치와 수업상태를 간단히 진단할 수 있는 단순한 체크리스트다. 핵심 척도별 검사점수를 합산하여 아래 그래프에 수업능력과 수업실행을 나누어 그려 보면 자신의 수업성숙도에 대한 검사결과를 해석하고 성찰할 수 있을 것이다.

01. 수업다양성	수업능력	수업실행
아이들이 좋아하는 놀이나 경쟁을 통한 체험형 수업을 잘 한다.	0 / 2	0 / 2
아이들의 의견을 적극적으로 듣고, 수업에 잘 반영한다.	0 / 2	0 / 2
아이들이 좋아하는 보상 및 강화를 적절히 활용한다.	0 / 2	0 / 2
목소리의 변화나 다양한 동작으로 활기차게 수업을 진행한다.	0 / 2	0 / 2
역동성을 자극하는 질문으로 아이들의 움직임을 잘 유도한다.	0 / 2	0 / 2
합계(10점 만점)		

02. 수업명료성	수업능력	수업실행
기억을 돕기 위해 수업내용을 개괄적으로 정리하고 요약해준다.	0 / 2	0 / 2
학생의 능력을 파악해서 수업의 수준을 재조정해서 가르친다.	0 / 2	0 / 2
이해를 돕기 위해 시각자료를 사용하고 단계적으로 가르친다.	0 / 2	0 / 2
활동에 대한 지시나 안내는 천천히 그리고 명확하게 알려준다.	0 / 2	0 / 2
무엇을 배울 것인지 학습목표를 명확하게 제시한다.	0 / 2	0 / 2
합계(10점 만점)		

03. 수업몰입성	수업능력	수업실행
교육과정을 분석하여 가르침이 배움으로 연결되도록 지도한다.	0 / 2	0 / 2
수업계획을 세울 때 교육과정의 성취기준을 흥미롭게 분석한다.	0 / 2	0 / 2
자주 반복되는 일탈행동을 분석하여 적절한 해결책을 마련한다.	0 / 2	0 / 2
학습목표 성취에 도움이 되는 교수방법을 세밀하게 분석한다.	0 / 2	0 / 2
수업에 방해되는 요소를 분석하여 미리 예방하거나 제거한다.	0 / 2	0 / 2
합계(10점 만점)		

04. 수업효과성	수업능력	수업실행
학습활동에 필요한 교수자료를 적절히 활용하여 아이들의 이해를 돕는다.	0 / 2	0 / 2
아이들이 해야 할 모든 활동의 시기 선택에서 실수가 없도록 잘 조정한다.	0 / 2	0 / 2
수업시간에 아이들이 해결해야 할 과제에 대해 친절하게 설명해 준다.	0 / 2	0 / 2
학생들이 활동하고 있을 때 자리를 순회하면서 따뜻하게 보살핀다.	0 / 2	0 / 2
교사의 허락이 필요 없는 개별행동에 대해서는 관대하게 대한다.	0 / 2	0 / 2
합계(10점 만점)		

수업능력(파랑색)			
수업다양성	수업명료성	수업몰입성	수업효과성

수업실행(빨강색)			
수업다양성	수업명료성	수업몰입성	수업효과성

	수업다양성		수업명료성		수업몰입성		수업효과성	
	수업 능력	수업 실행	수업 능력	수업 실행	수업 능력	수업 실행	수업 능력	수업 실행

10
8
6
4
2
0

[수업성숙도 검사결과]

내 안에 감춰진 페르소나를 발견하라

수업성숙도를 들여다보면 볼수록 놀라움을 금할 수 없다. 한 교사의 수업위치 및 수업상태를 그래프로 나타낸다는 것 자체가 말도 안 되는 소리였다. 그만큼 수업을 통해 이루어지는 교사의 수업행위는 그 자체로 복잡한 예술 작품이기 때문이다. 그런데 보리크 교수의 ≪Effective Teaching Methods≫를 만나면서 상상은 현실이 되었다. 수업성숙도는 5가지 핵심 척도(수업다양성, 수업명료성, 수업몰입성, 수업효과성, 수업성공률)로 구분되었고, 각 척도들은 수업능력과 수업실행 지수로 나뉘어 수업에 대한 깊은 성찰과 협력을 가능하게 해주었다. 특히 수업능력과 수업실행 지수의 조합에 따라 현재 교사의 강점을 발견할 수 있다는 점은 수업성숙도의 큰 성과라고 할 수 있다. 아무리 생각해도 교사들에게 그들만의 강점을 알려주고 수업성장의 방향을 보여줄 수 있다는 건 그 자체만으로도 무척 흥분되는 일이기 때문이다.

그리고 수업성숙도를 통해 교사가 겪고 있는 수업상처와 수업 스트레스를 읽을 수 있다는 점 역시 놀라운 발견 중 하나다. 먼저 수업능력이 많은데도 불구하고 수업실행을 못하는 교사들의 수업상처를 다독이고 해결책을 찾기 위해 수업심리상담 전문가는 깊이 있는 성찰과 대화를 이끌어가야 한다. 수업성숙도를 통해 만난 수업상처는 핵심 척도들과 밀접한 관련이 있으며, 이는 꼬여 있는 실타래를 진단하고 해결할 수 있는 핵심단서를 제공한다. 반면 수업성숙도를 보면 수업능력에 비해 수업실행 지수가 월등히 높아 심각한 수업 스트레스에 빠져 있는 교사를 만날 수 있다. 물론 적절한 수업 스트레스는 교사의 수업성장을 앞당기지만 그 차이가 큰 경우 오히려 수업 스트레스에 짓눌리게 되는 부작용이 나타나기도 한다. 이를 다른 각도에서 이야기하자면 교사가 겪고 있는 수업 스트레스의 적절한 조절이 교사성장의 핵심열쇠라고 할 수 있다.

수업성숙도에 담겨 있는 비밀은 이뿐만이 아니다. 더 놀라운 점은 수업성숙도의 4가지 핵심 척도(수업다양성, 수업명료성, 수업몰입성, 수업효과성)가 사람의 4가지 핵심기질(탐험형, 관리형, 분석형, 외교형)과 밀접한 관련이 있다는 점이다. 이는 다시 수업성숙도의 4가지 핵심 척도를 통해 NERIS의 16가지 성격유형을 짐작할 수 있다는 뜻이기도 하다. 즉 수업성숙도의 4가지 핵심 척도에 대한 분석을 통해 교사의 기질과 성향을 파악할 수 있다. 더 심오하게는 각 척도별 수업능력과 수업실행의 지수별 분석을 통해 현재 교사가 쓰고 있는 가면(persona)을 볼 수 있다. 지금까지 저자는 교사가 자신의 감춰져 있던 페르소나와 대면할 때 의미 있는 성찰과 협력이 이루어지는 모습을 목격해왔다. 그 목격의 현장에서는 꼭꼭 감춰져 있던 자기만의 보물을 찾아 감격의 눈물을 흘리는 모습을 보았고, 의미 있는 수업성장을 꿈꾸는 교사들의 다짐을 보기도 하였다. 앞으로 더 많은 교사들이 수업성숙도를 통해 자신의 페르소나를 발견하는 진정한 수업성찰을 통해 오래 묵혀 놓았던 자신의 수업상처와 수업 스트레스로부터 조금씩 헤어나길 간절히 기도해본다.

교사를 위한 성찰협력수업과 수업코칭
당신은 최고의 교사입니다!

〈행복한미래〉 출판서포터즈

〈행복한미래〉 도서는 출판서포터즈와 함께 만듭니다. 다시 한 번 감사드립니다.

김미라, 김미숙, 김수연, 김은진, 김현숙, 박기복, 박민경,

박현숙, 변원미, 송래은, 오석정, 오주영, 윤진희, 이승연,

이인경, 이혜승, 임혜영, 정인숙, 조동림, 조은정

[행복한 교과서®] 시리즈의 '행복한 교육학'을 소개합니다.
'함께하는 교육, 100년의 약속'을 위한 행복 교육 프로젝트

No.01

학급경영 멘토링

김성효 글 | 홍종남 기획

No.02

기적의 수업 멘토링

김성효 글 | 홍종남 기획

No.03

교육과정 콘서트

이경원 글 | 홍종남 기획

No.04

진로교육 멘토링

김성효 글 | 홍종남 기획

No.05

프로젝트 수업,
교육과정을 만나다

이성대 외 글 | 홍종남 기획

No.06

혁신학교,
행복한 배움을 꿈꾸다

이성대 글 | 홍종남 기획

No.07

수업도시락,
성찰과 협력을 담다

정민수 글 | 홍종남 기획

No.08

스토리텔링 교육의
모든 것

조정래 글 | 홍종남 기획

No.09

나는 수업하러
학교에 간다

최무연 글 | 홍종남 기획

No.10

수업성숙도,
교사의 강점을 담다

정민수 글 | 홍종남 기획